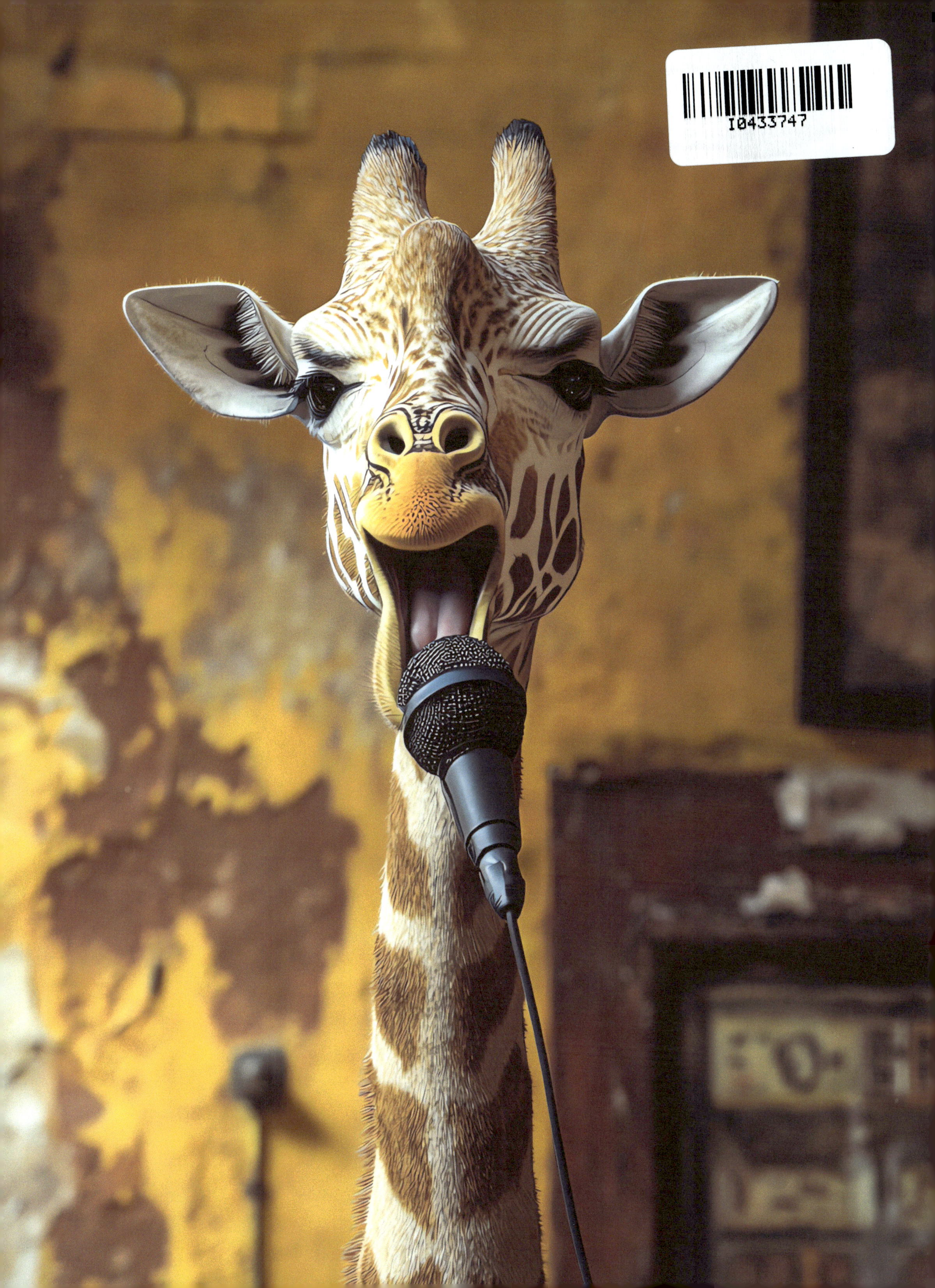

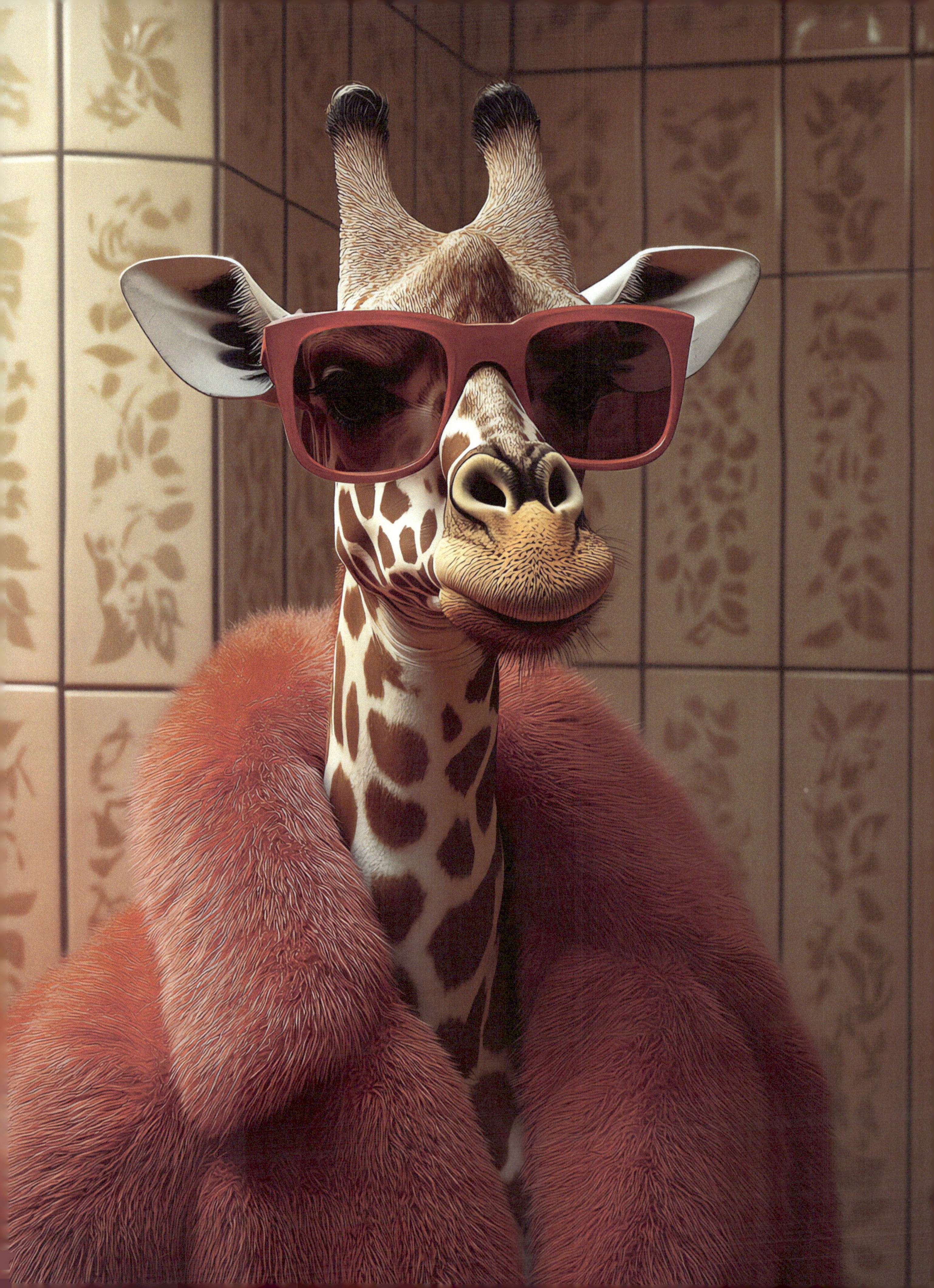

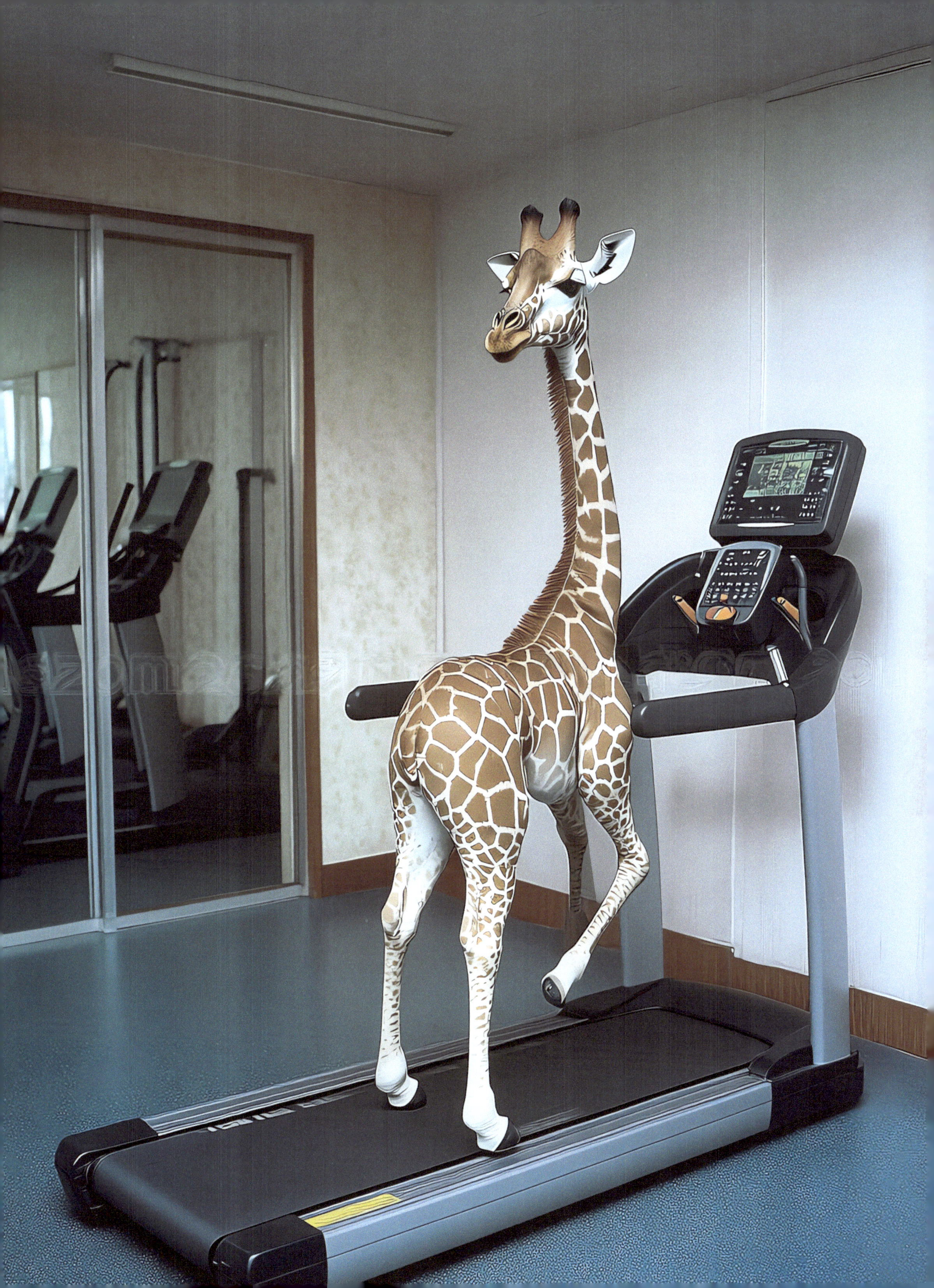

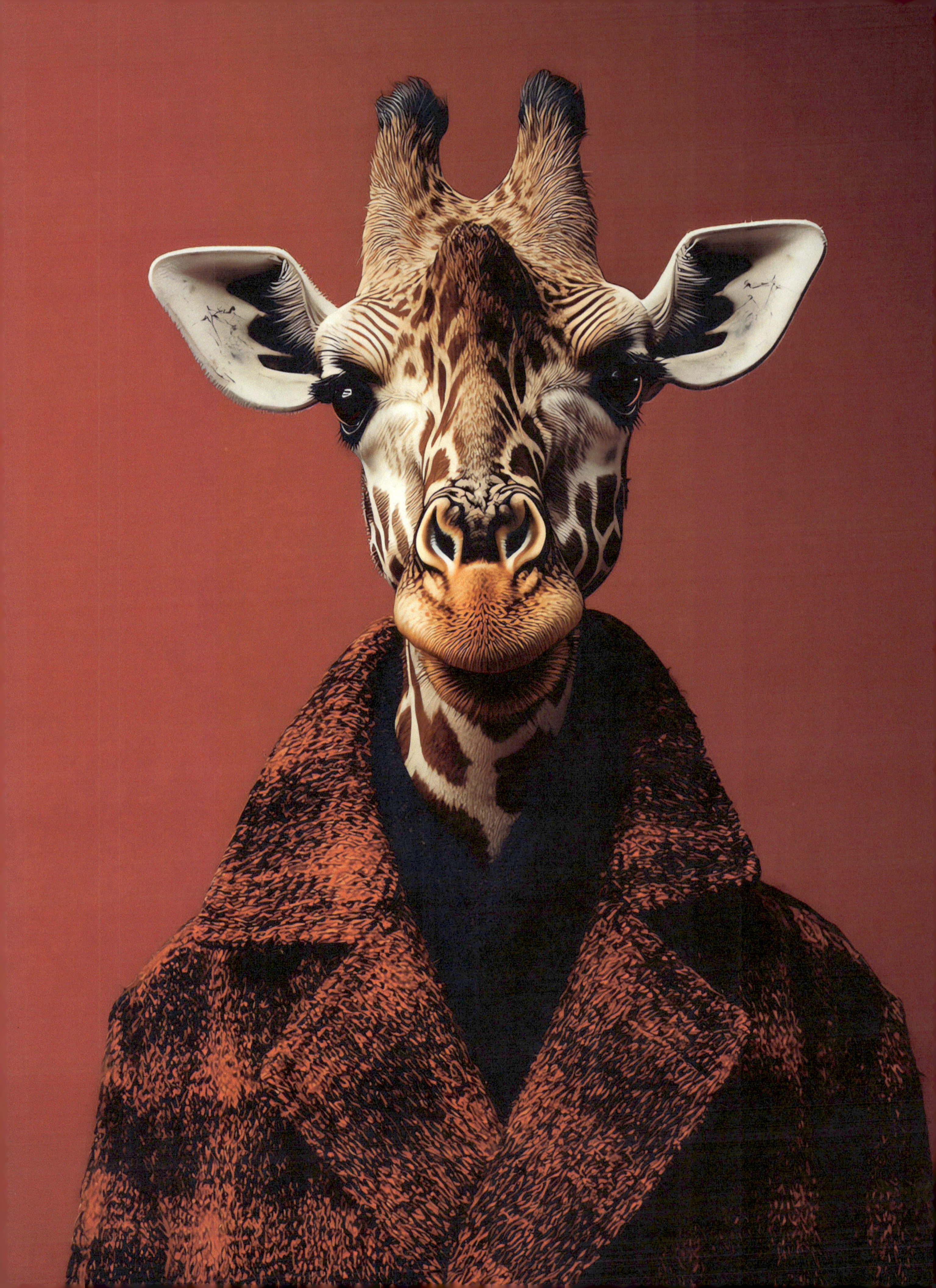

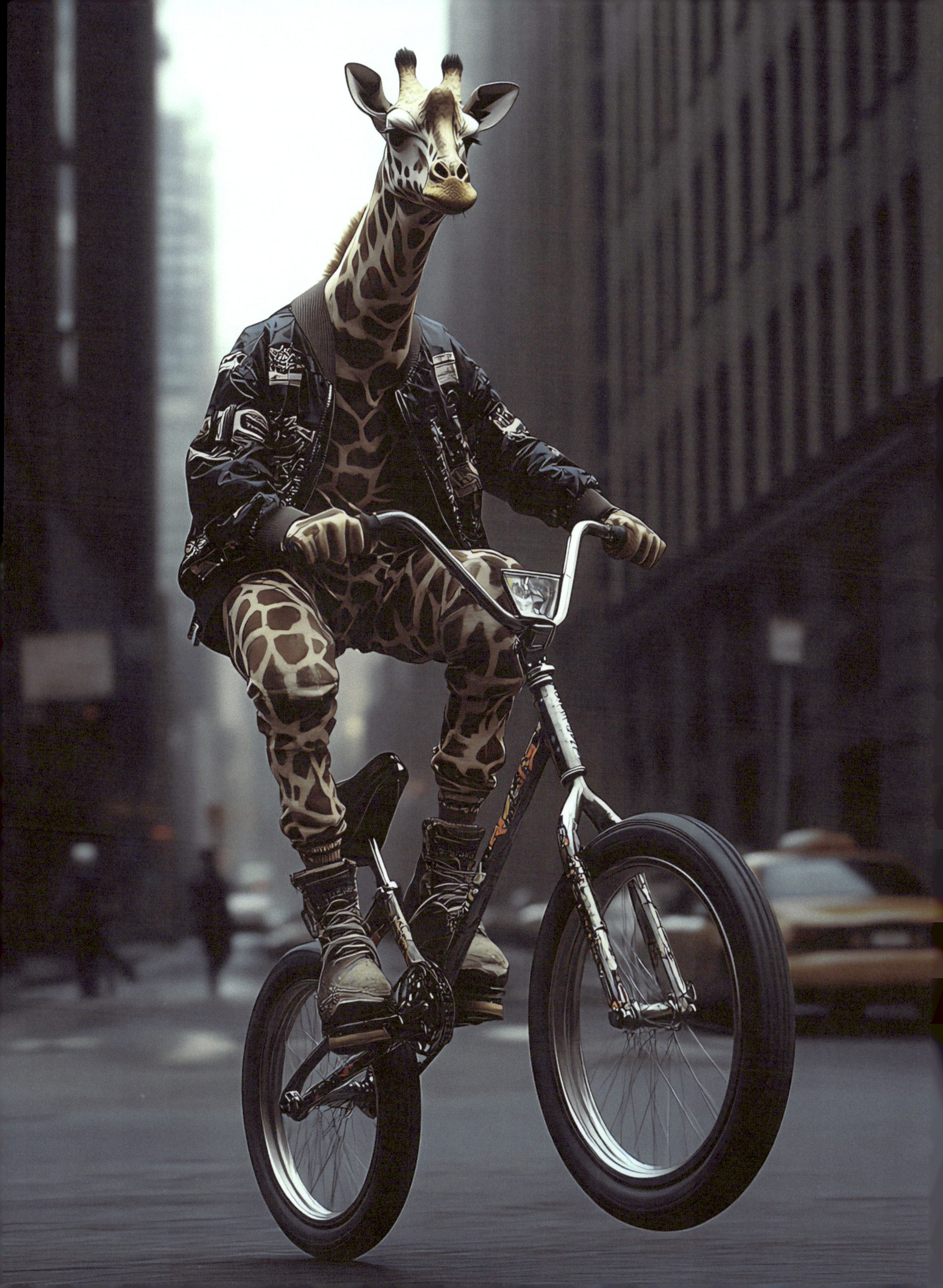

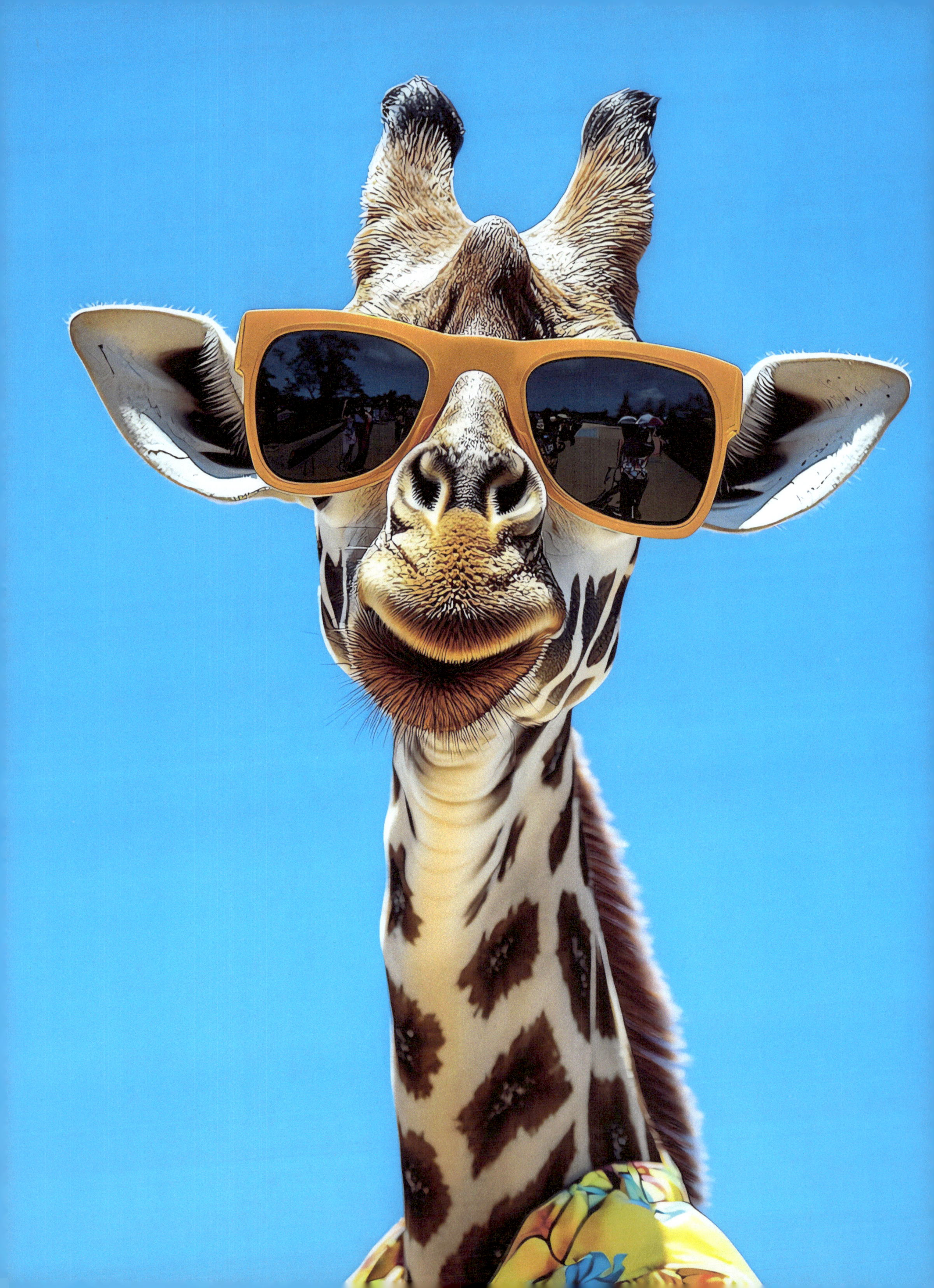

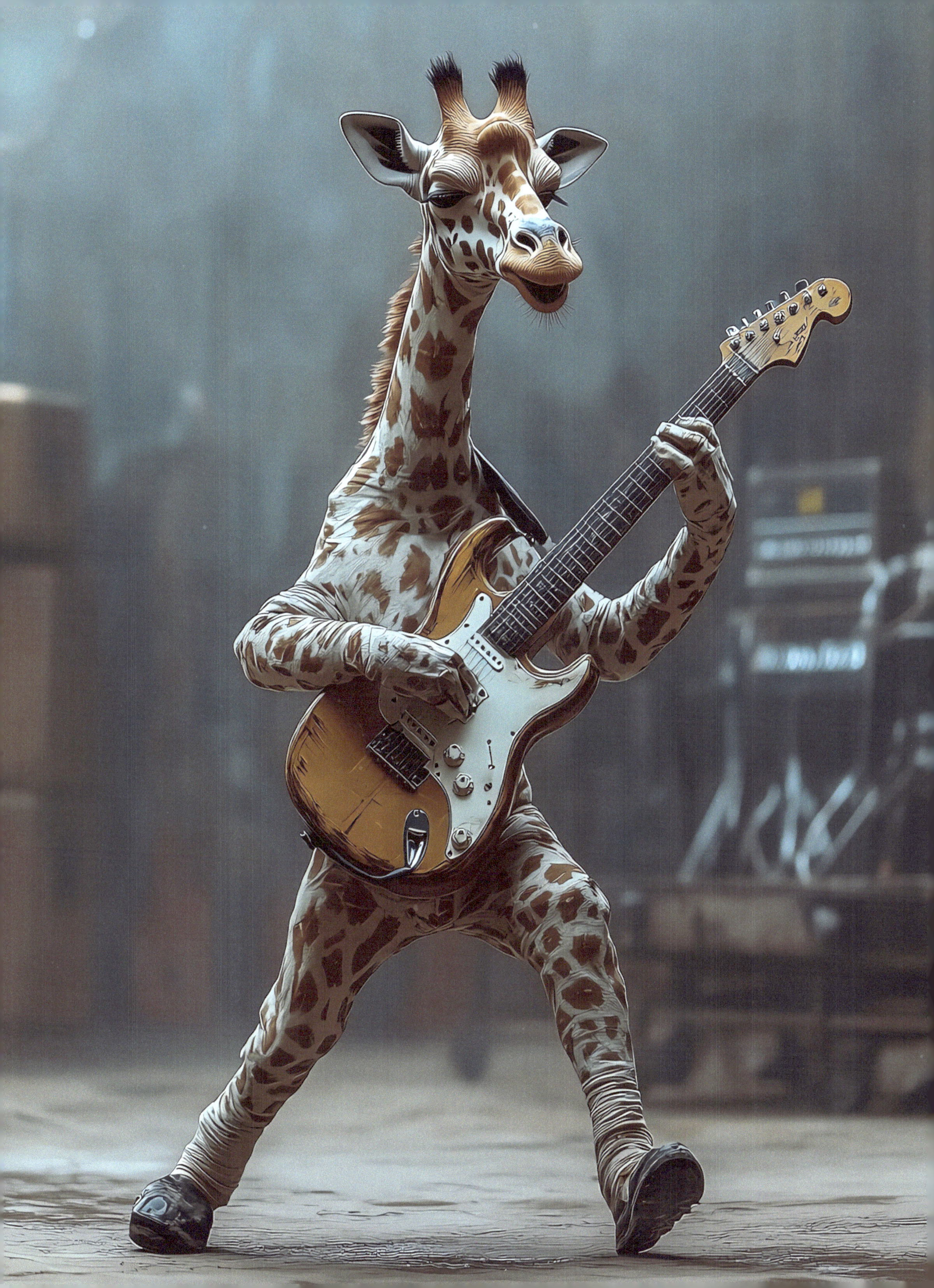

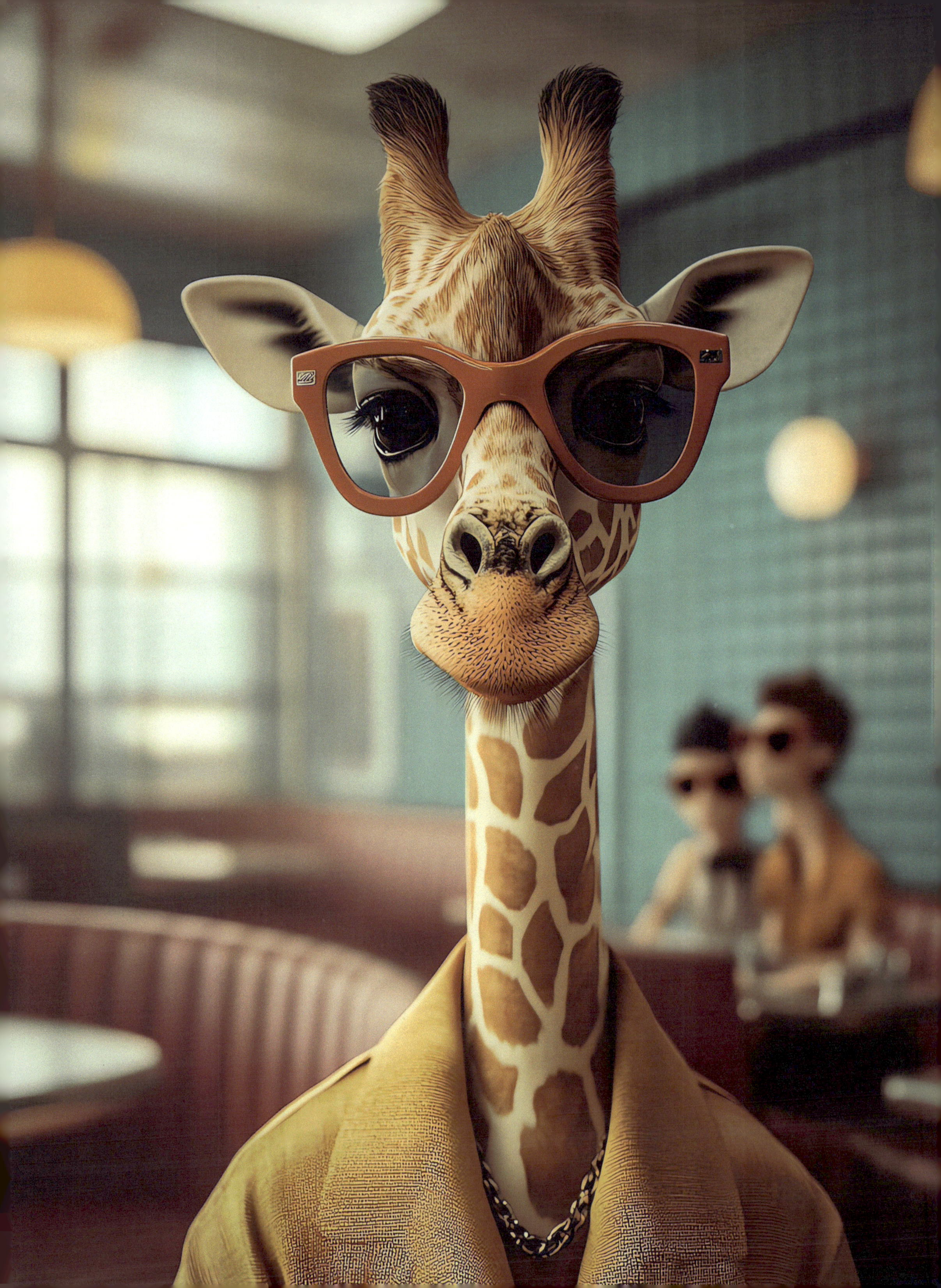

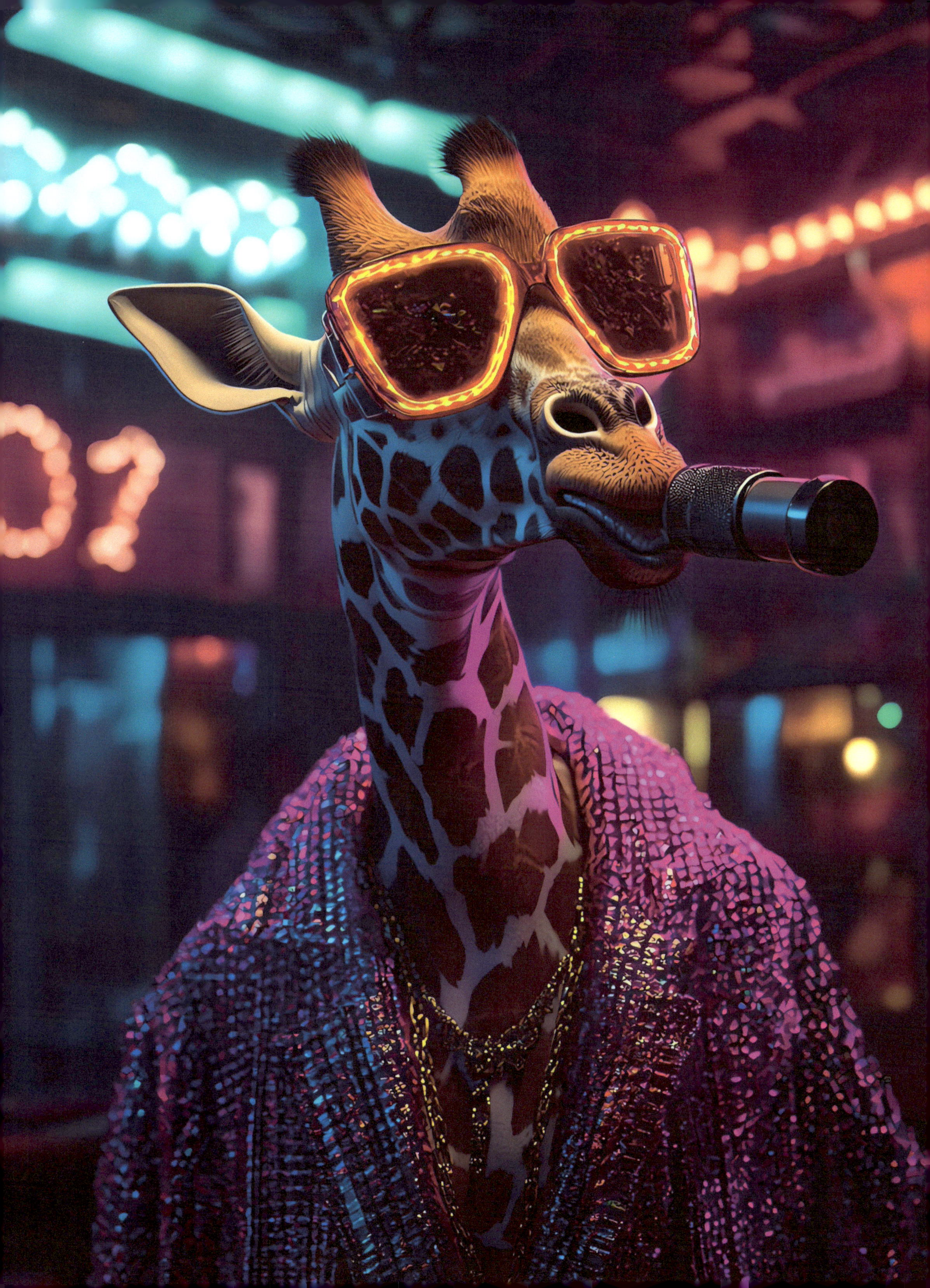

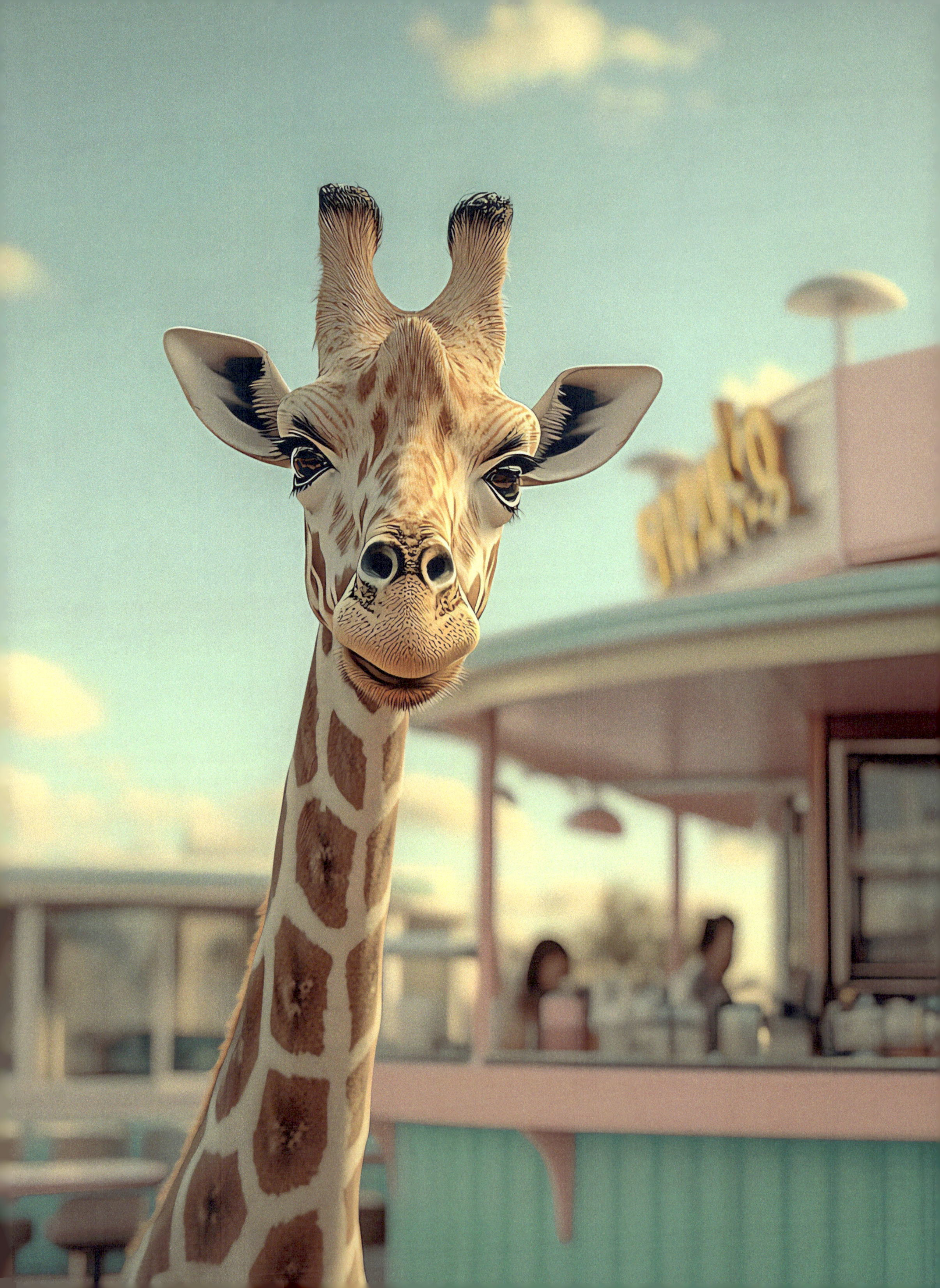

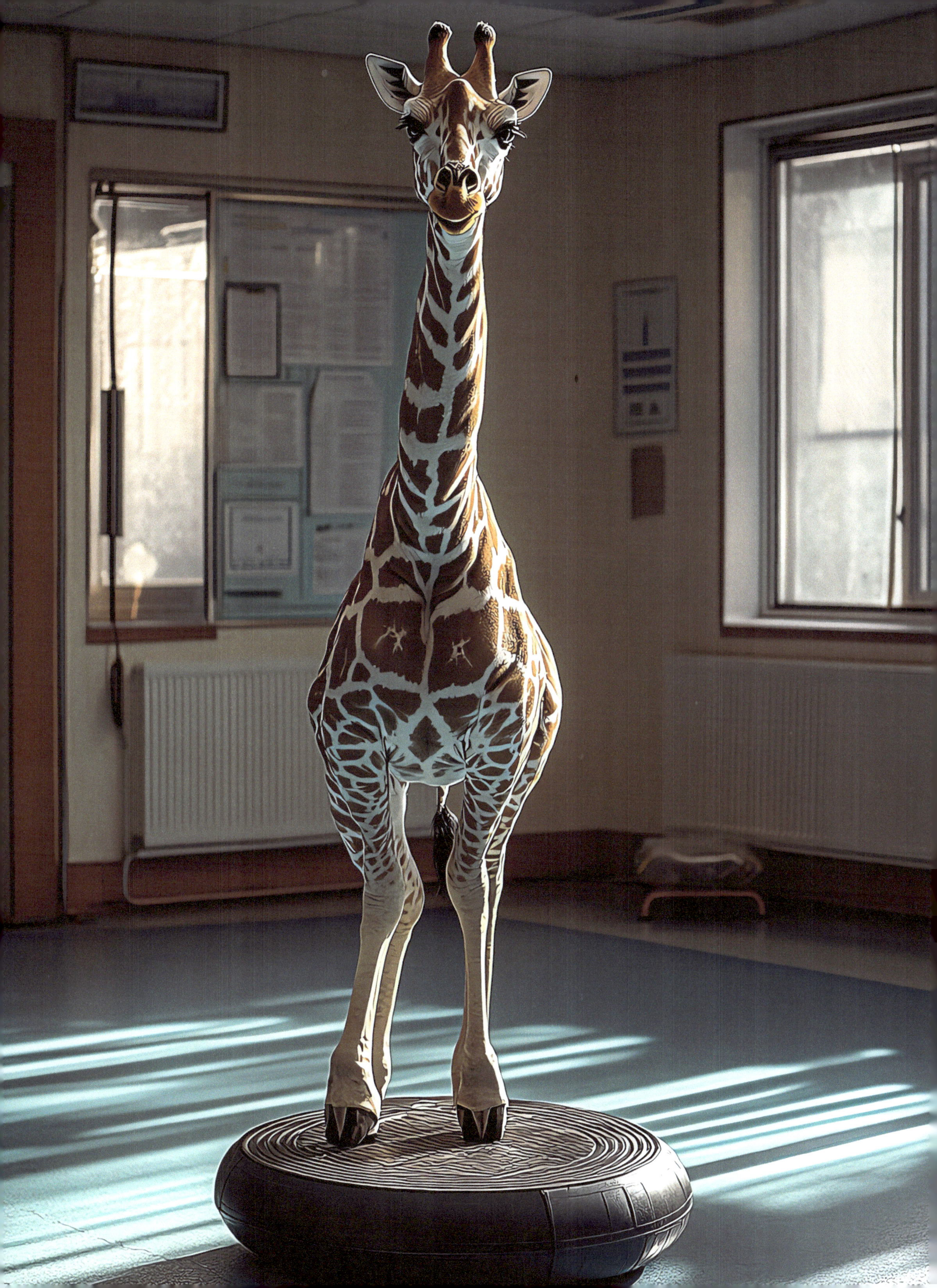

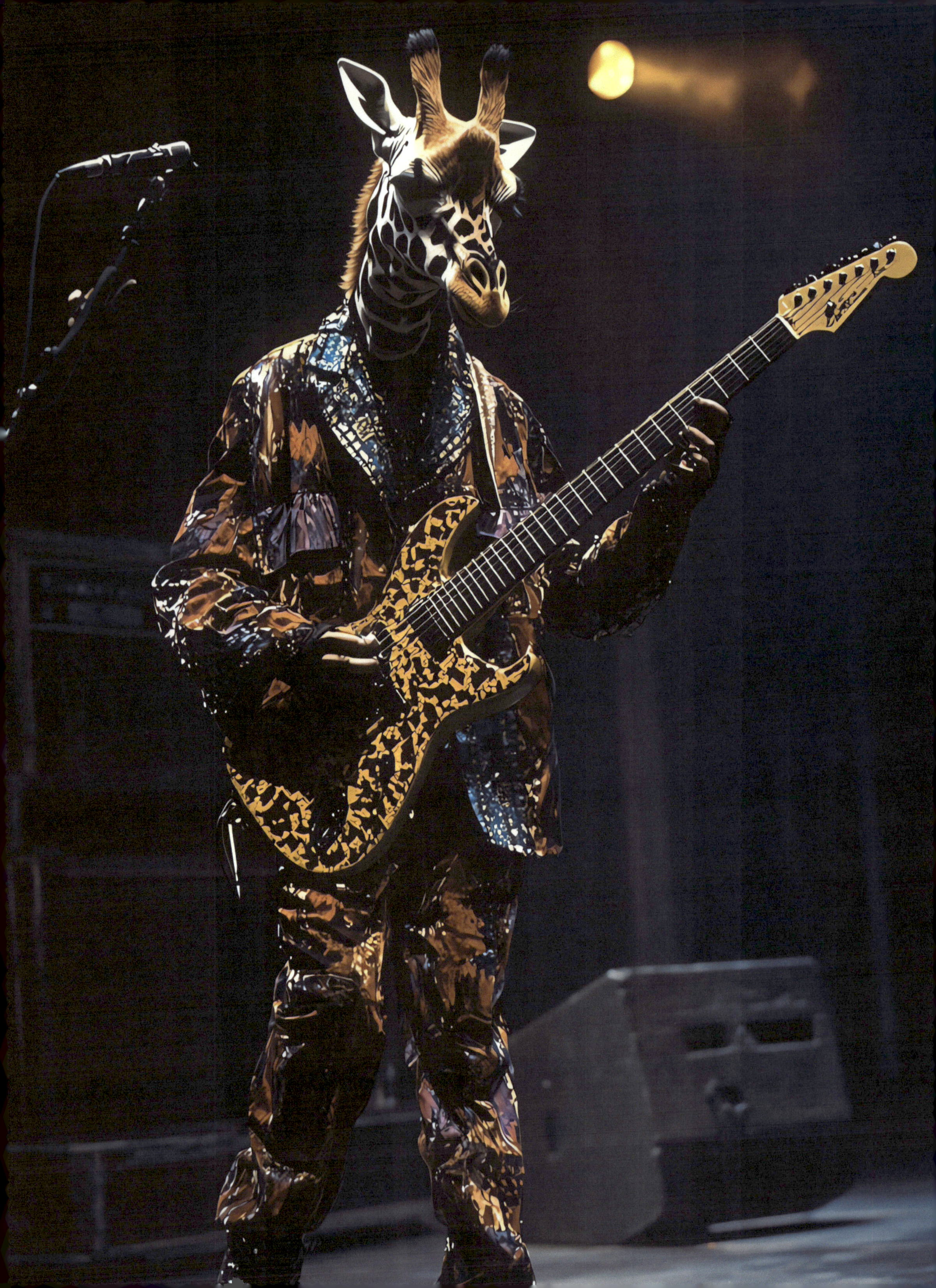

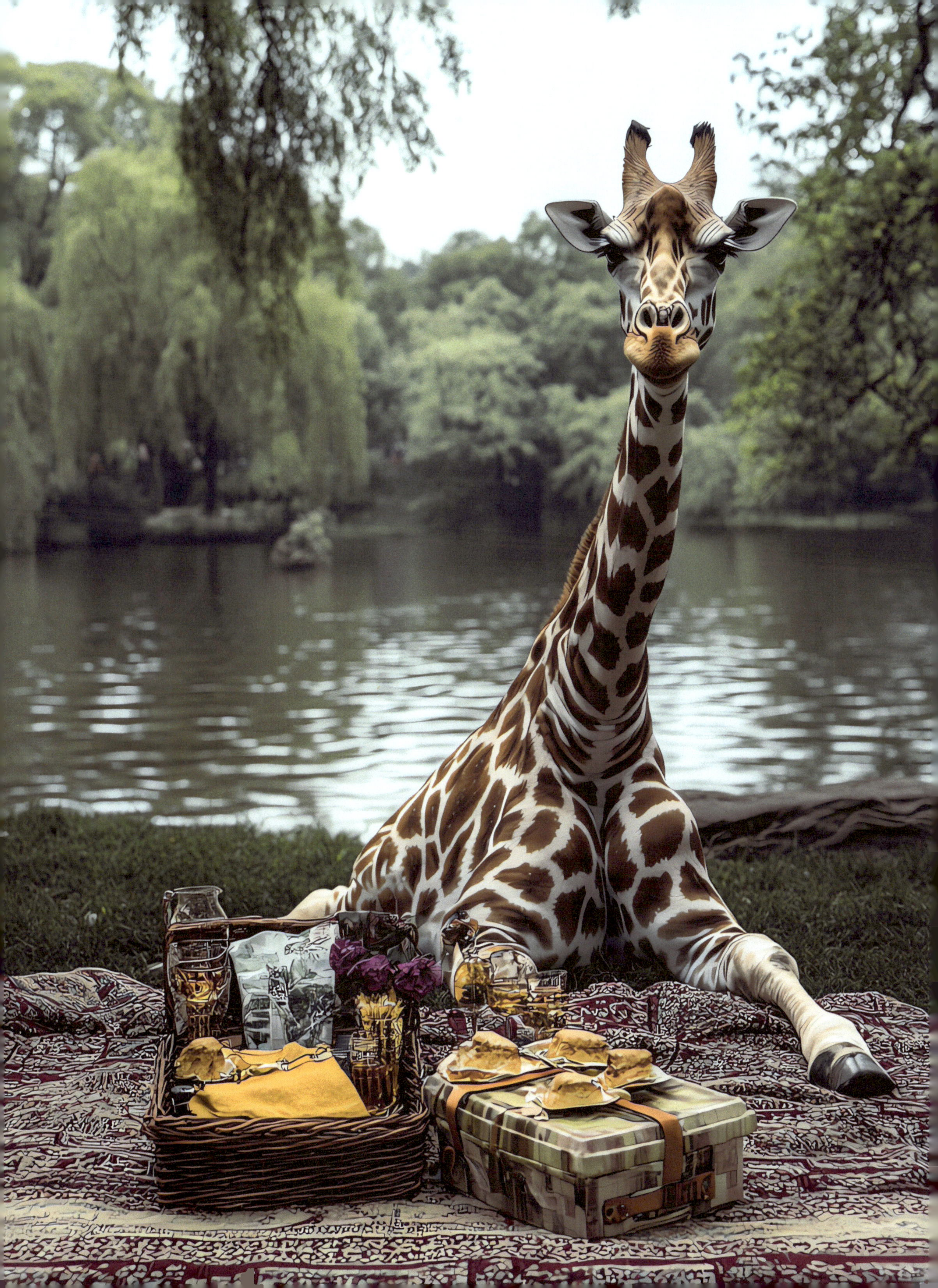

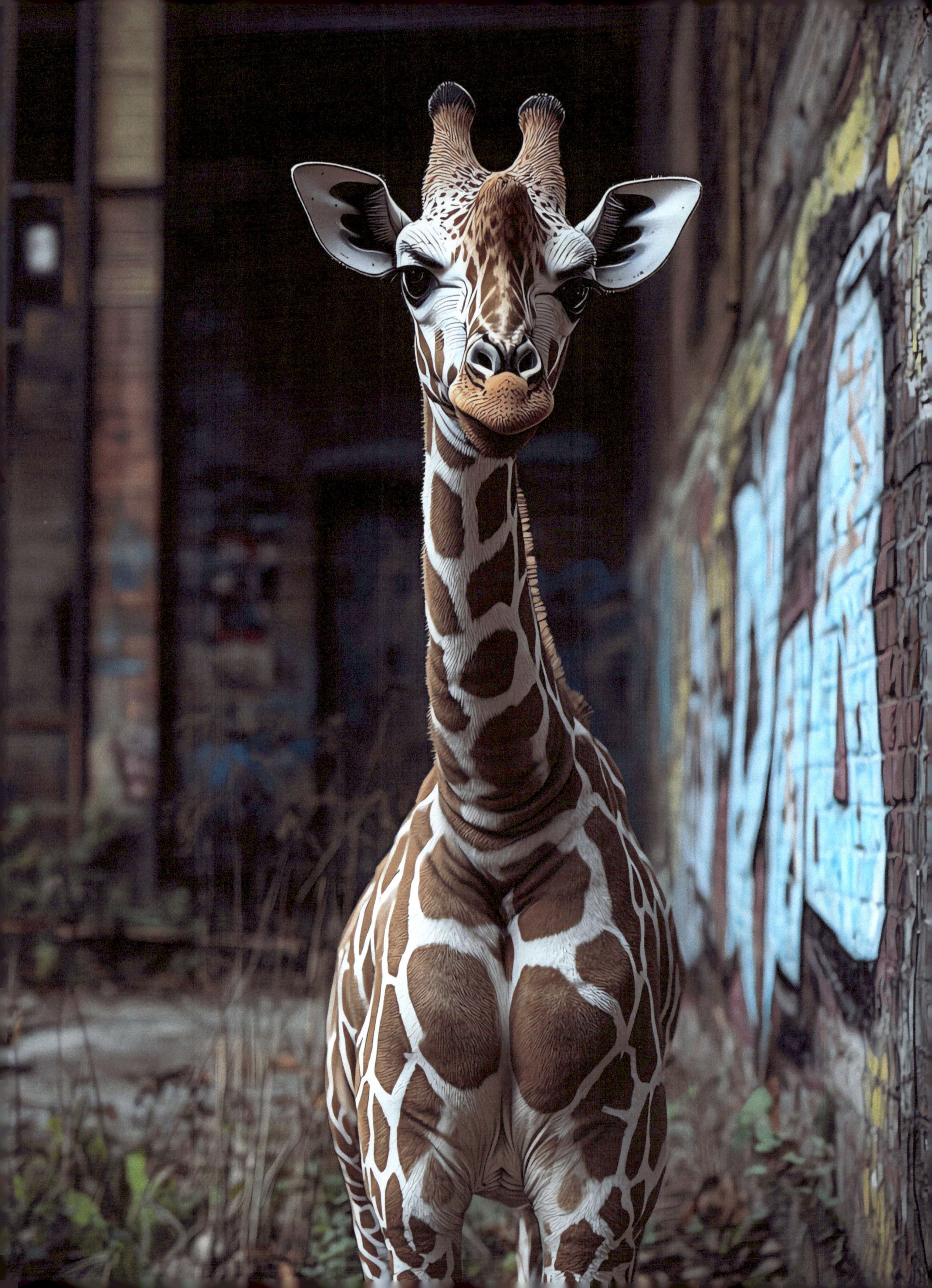

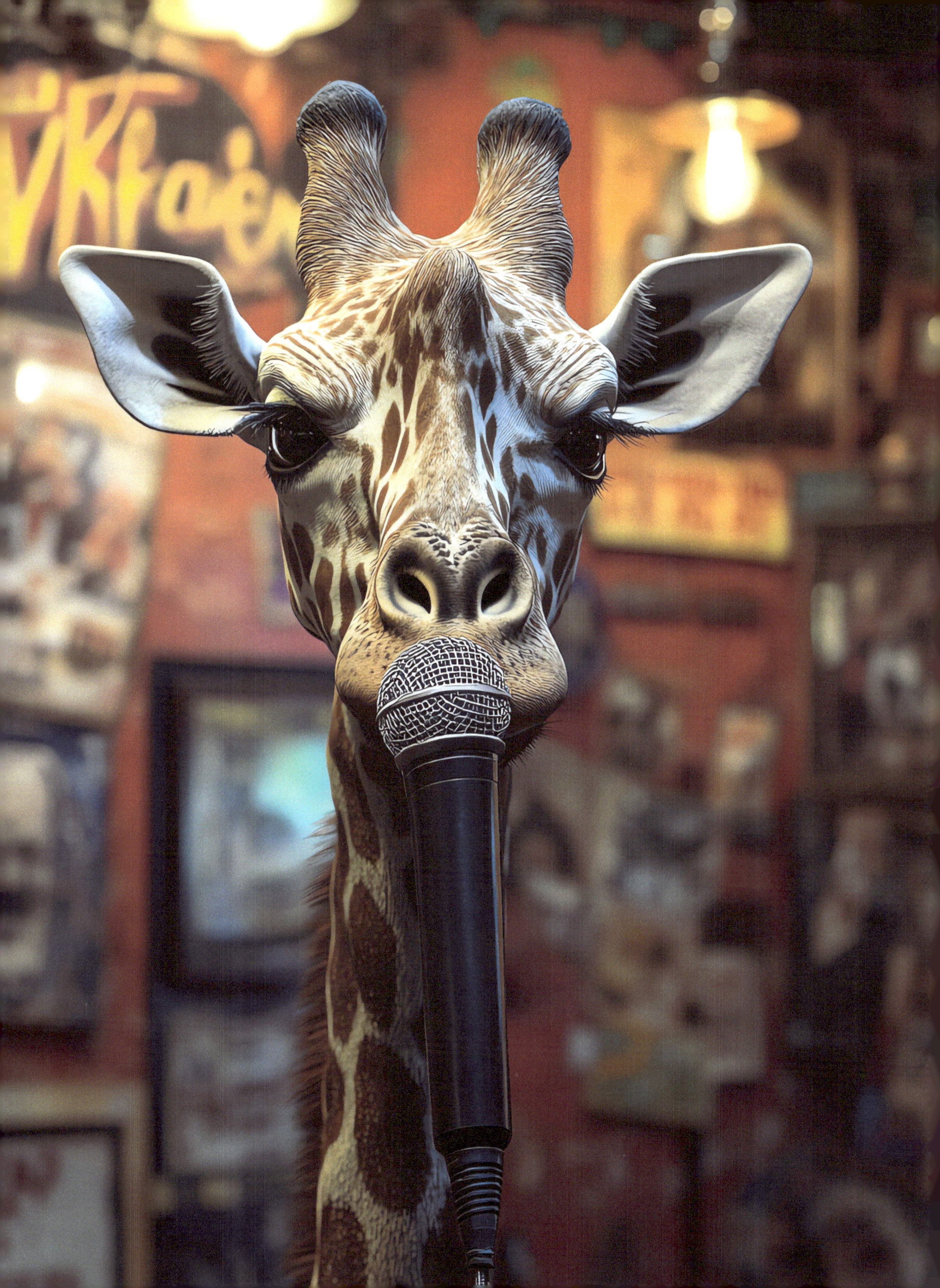

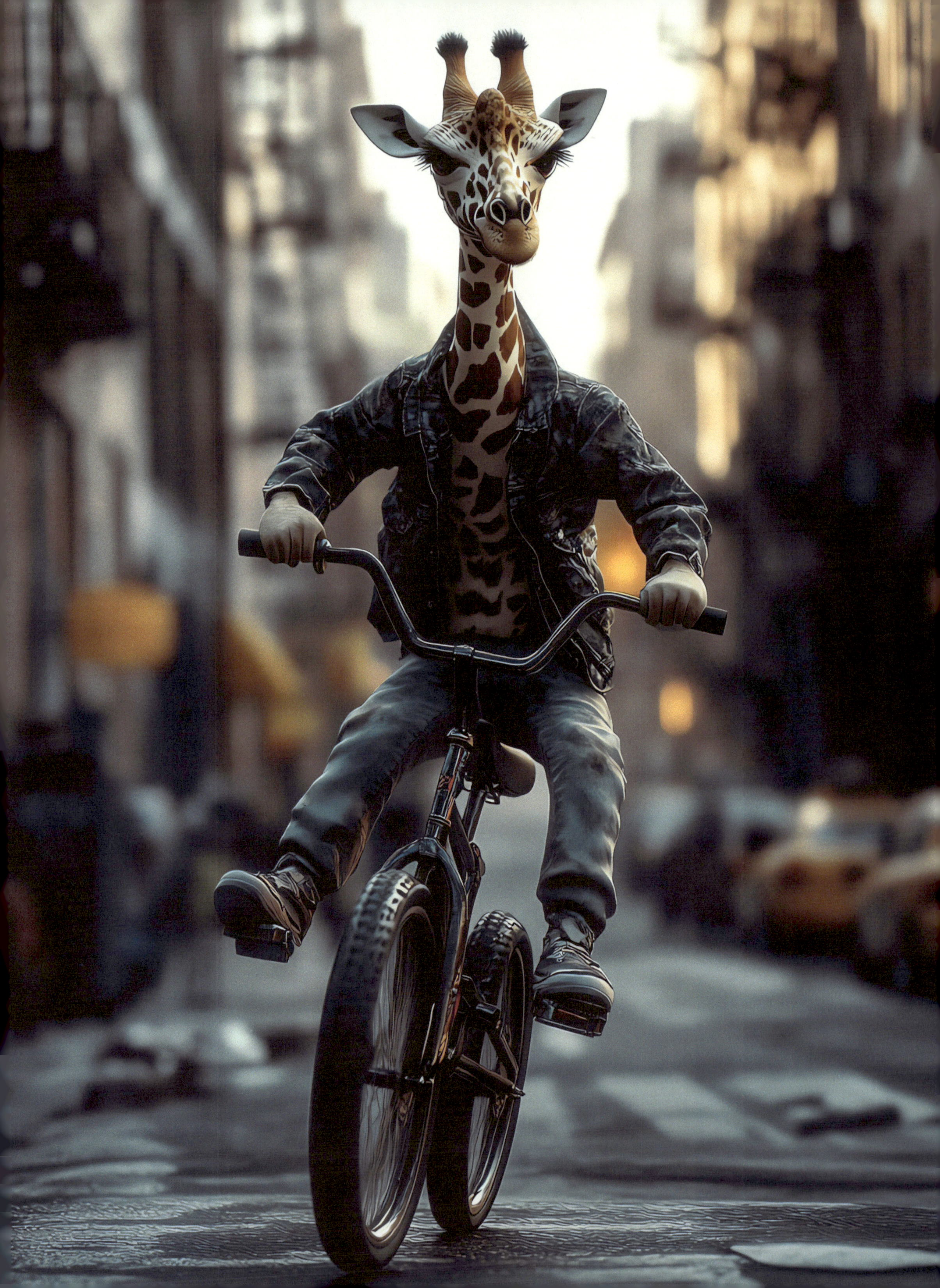

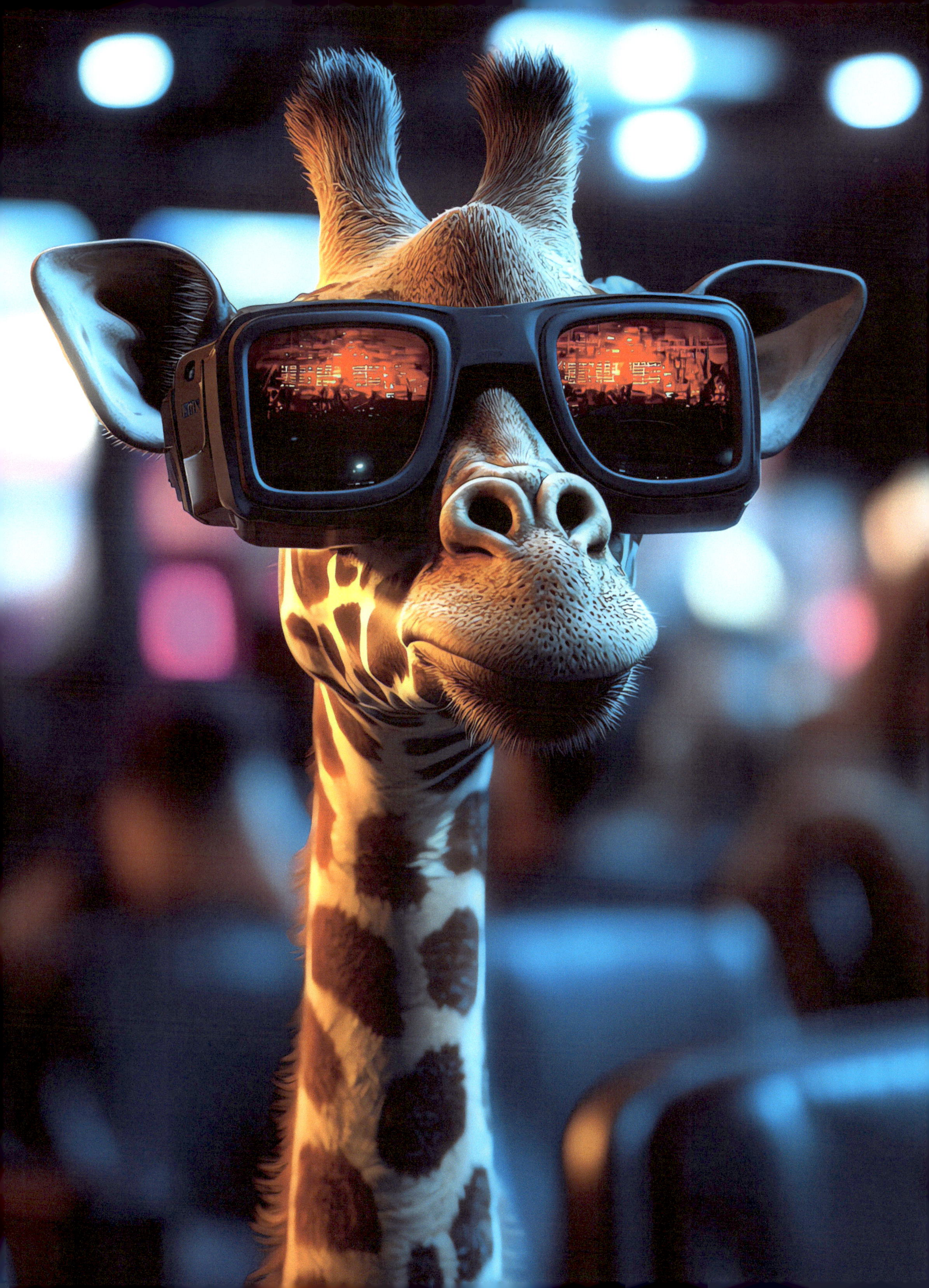

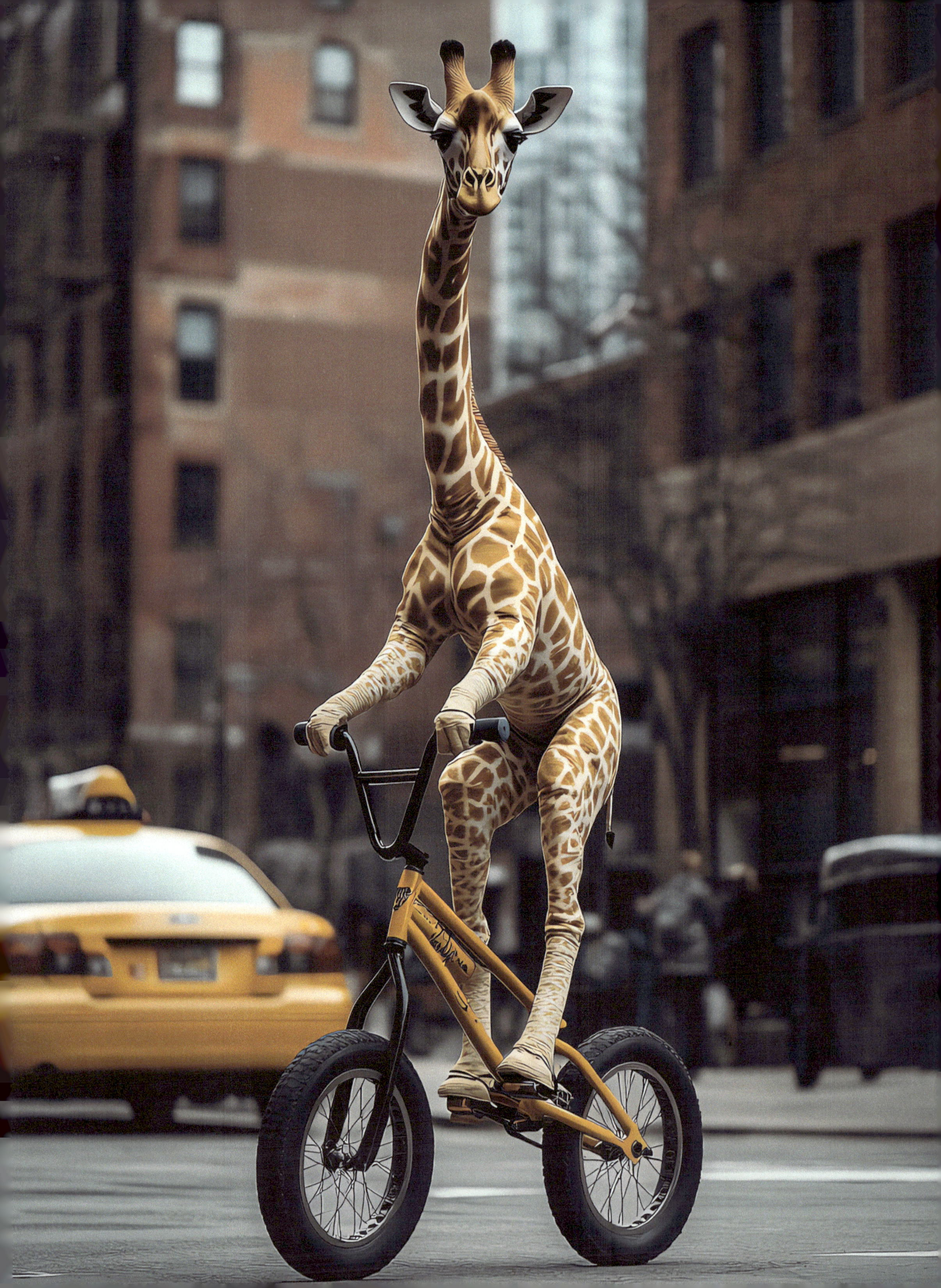

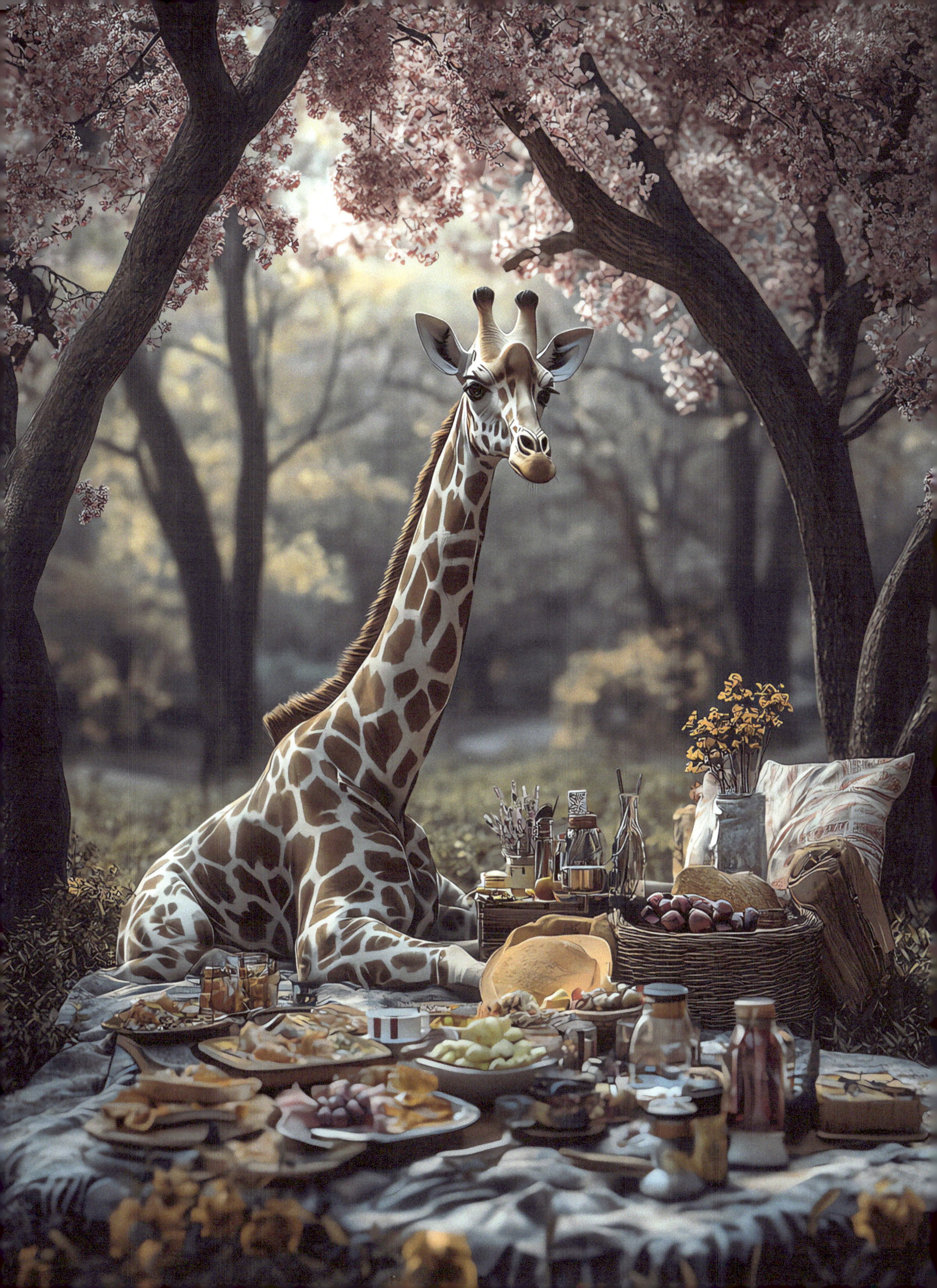

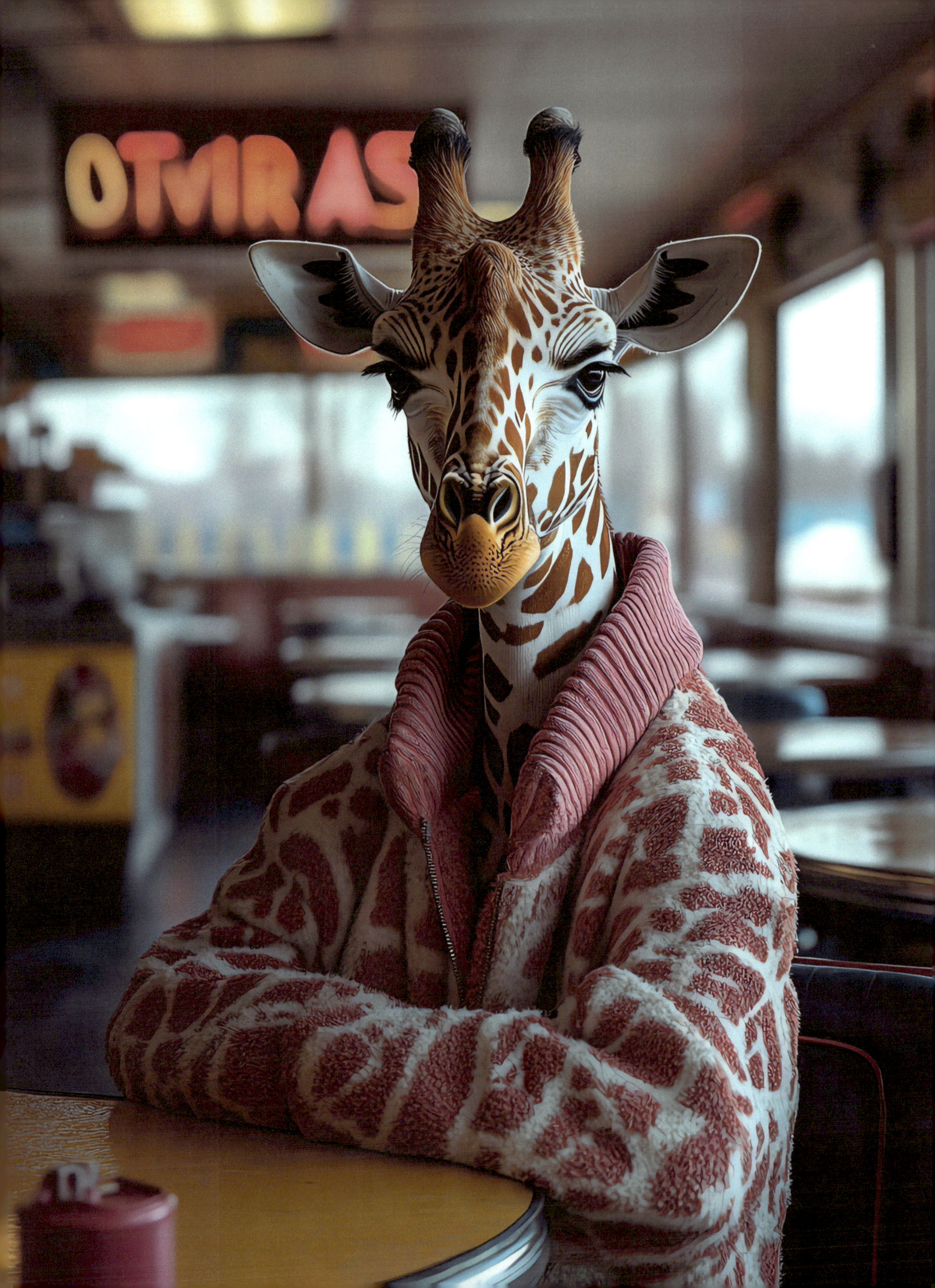

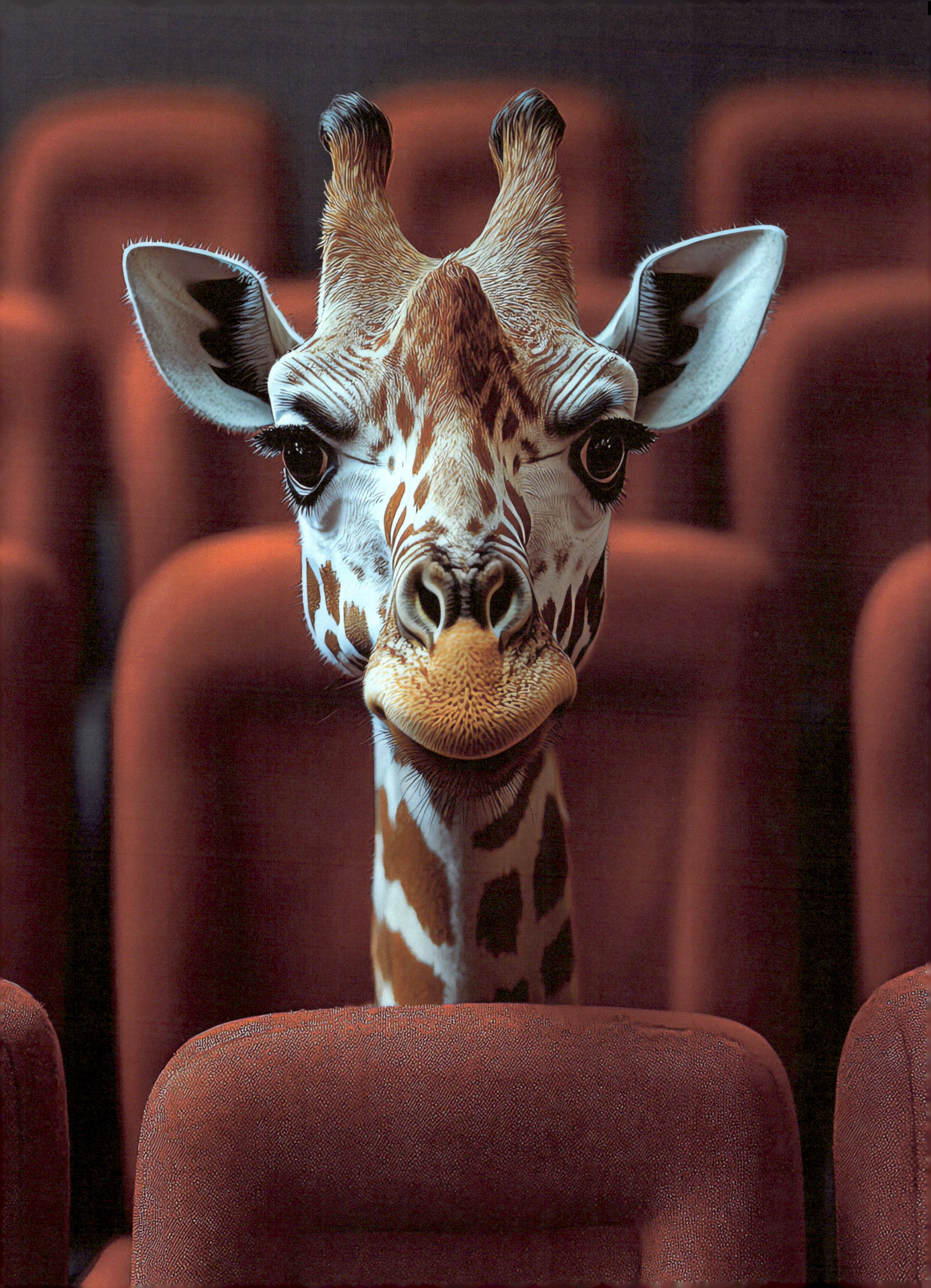

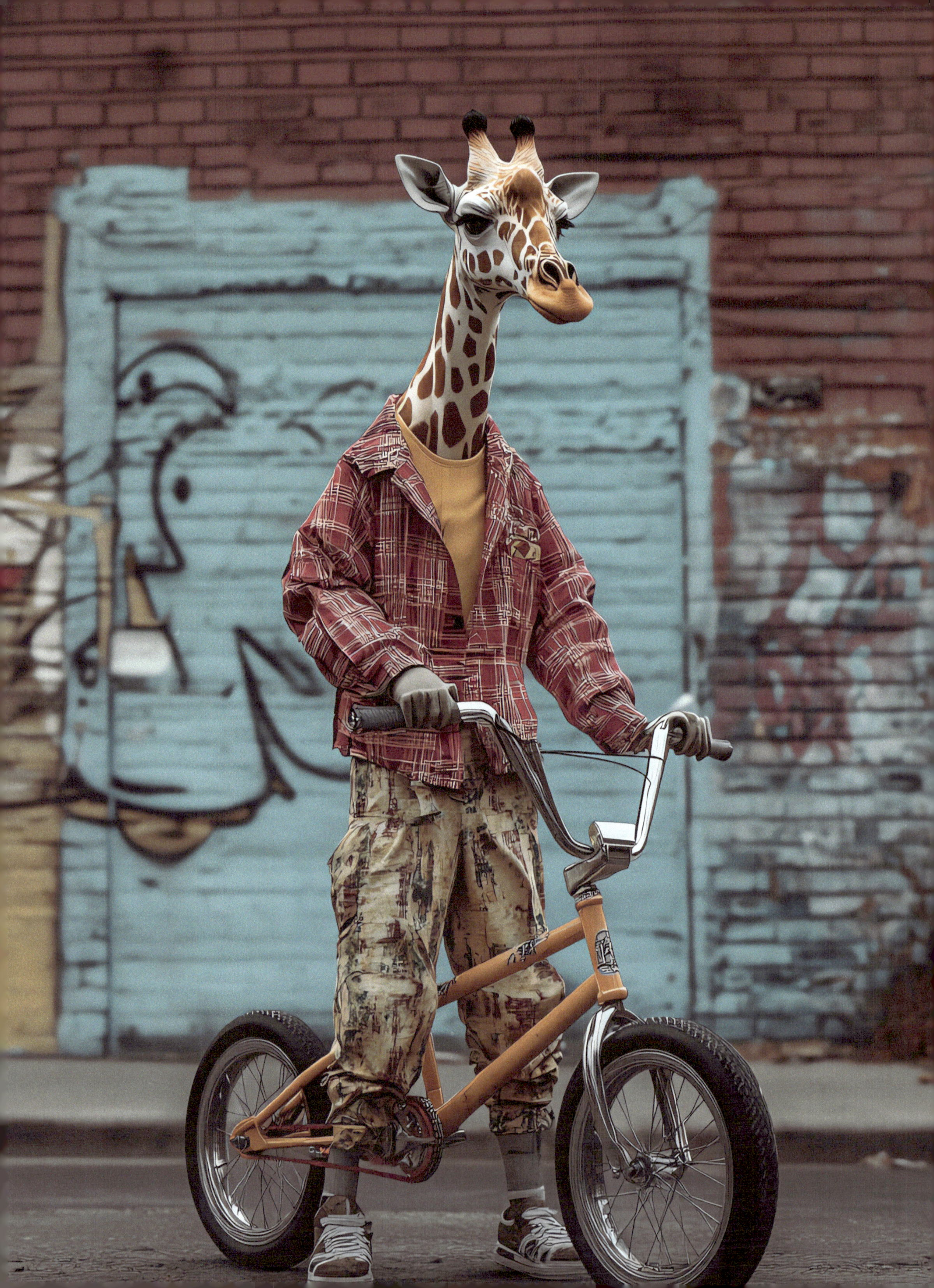

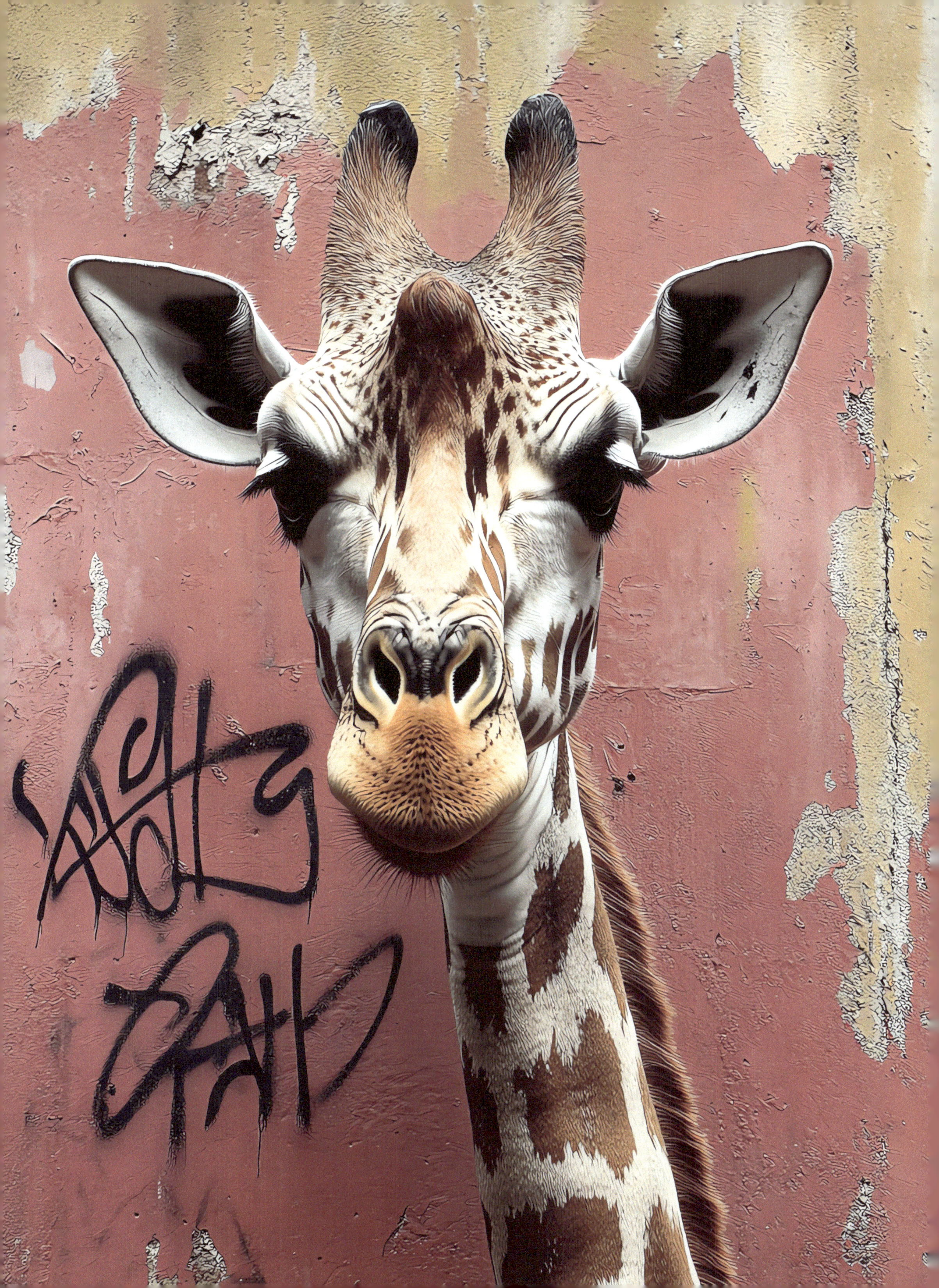

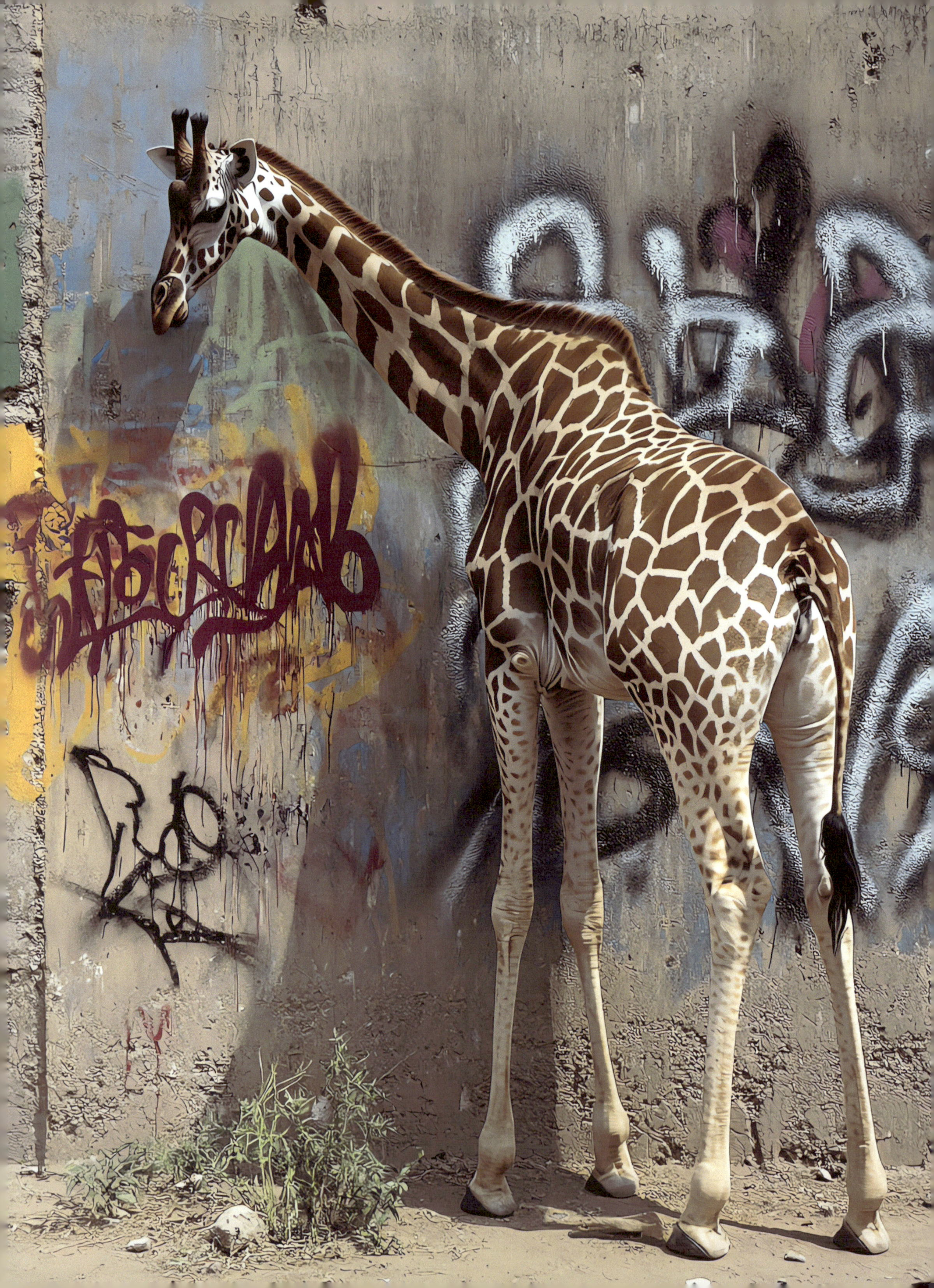

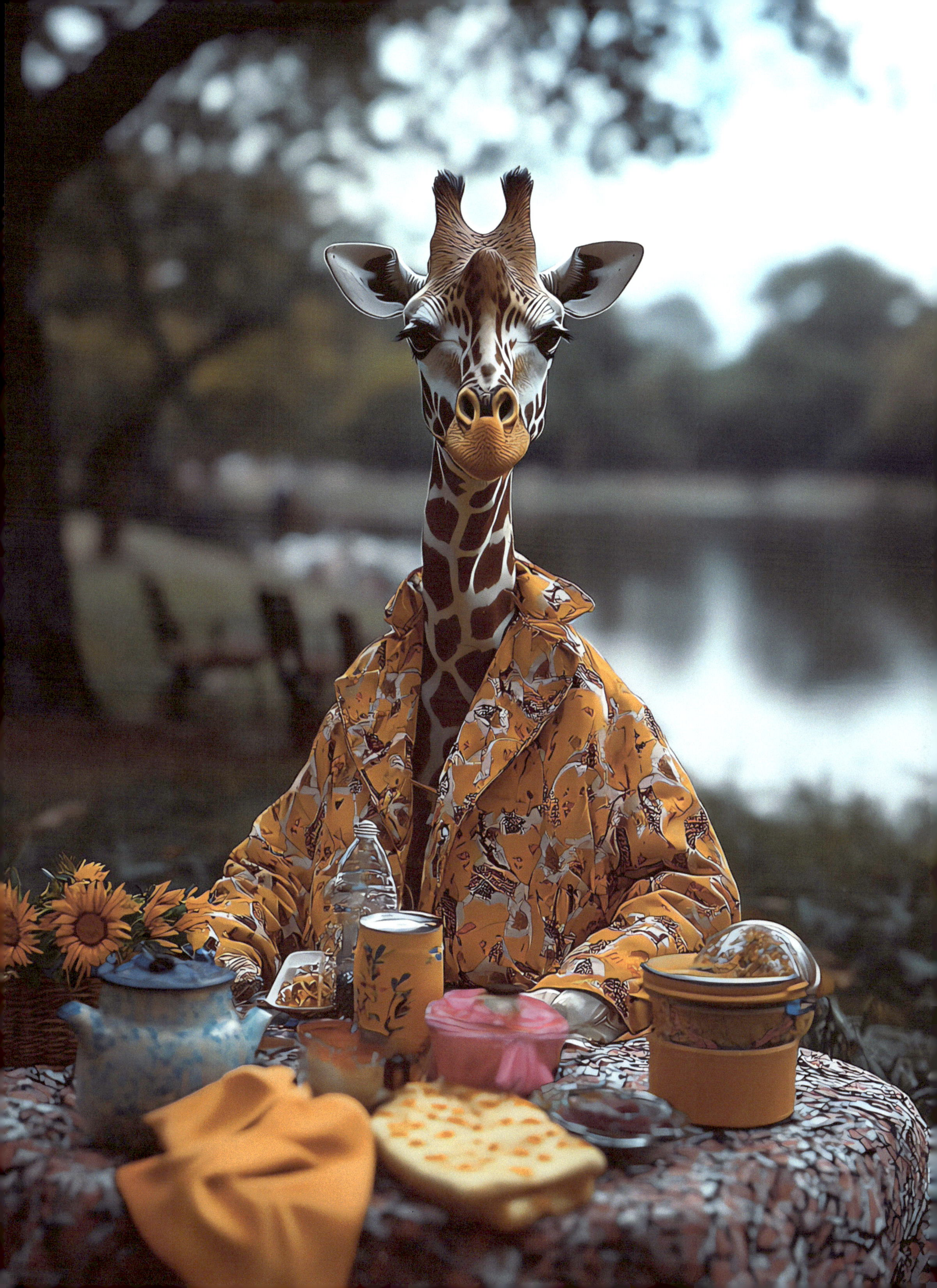

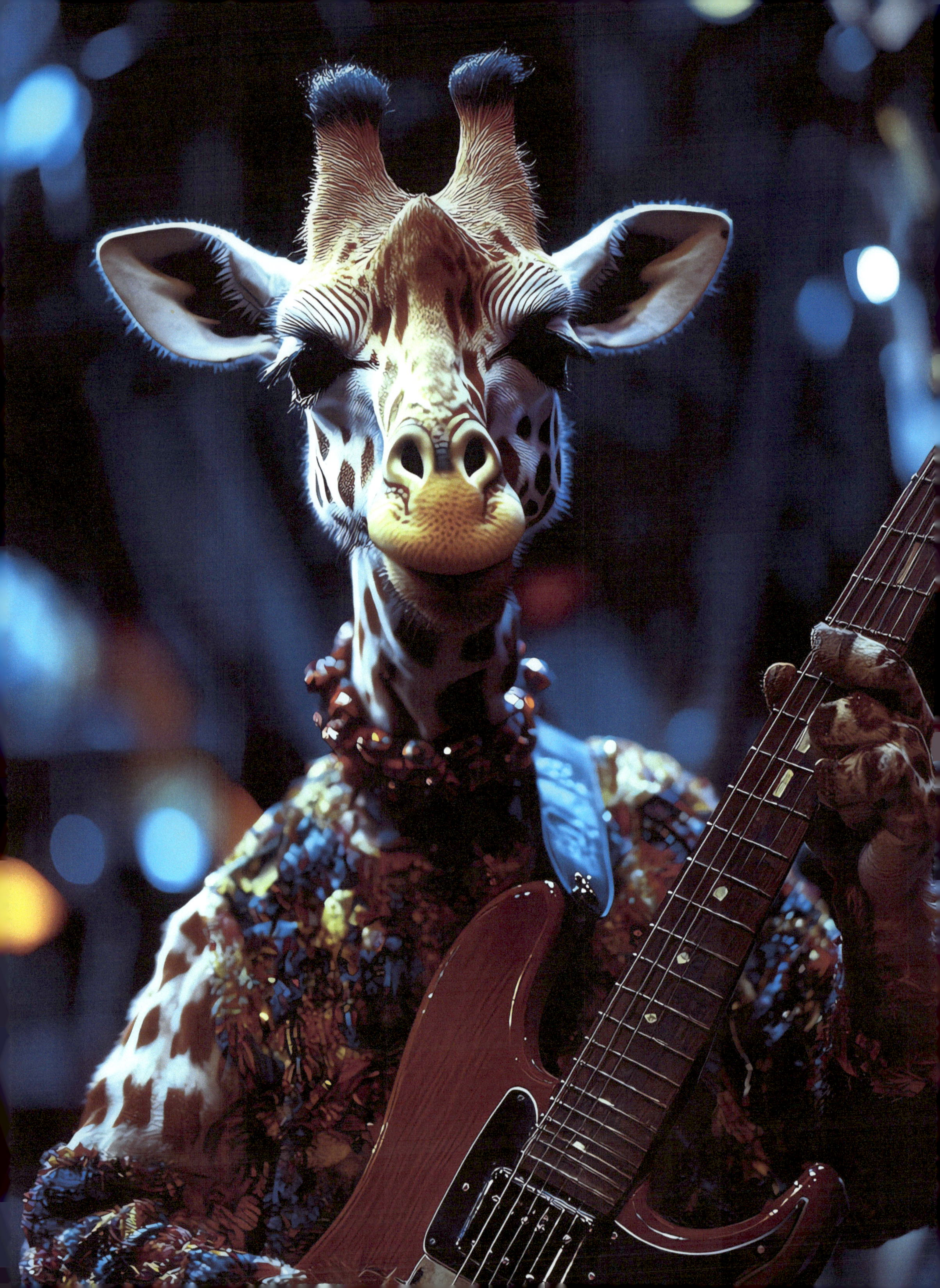

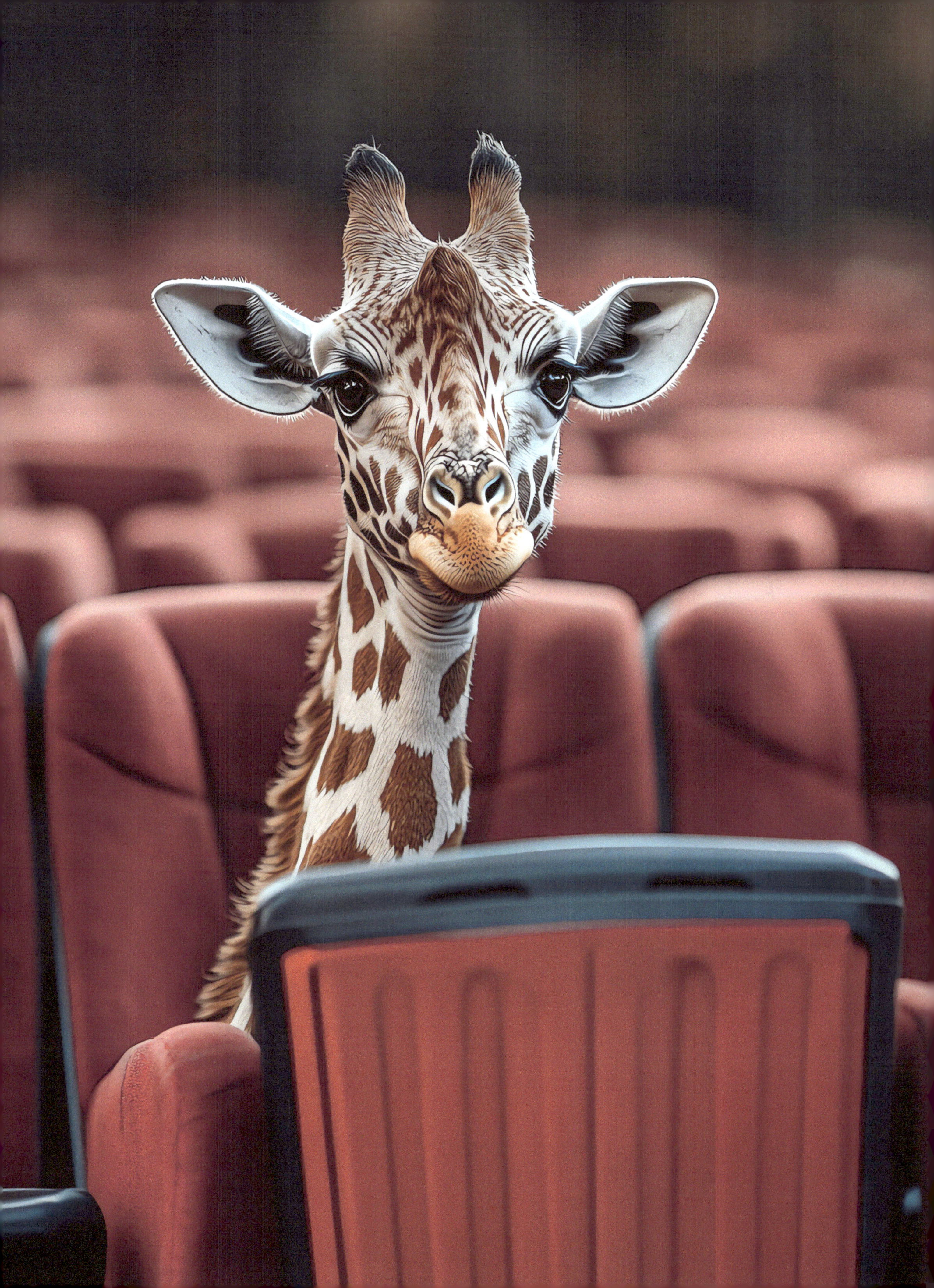

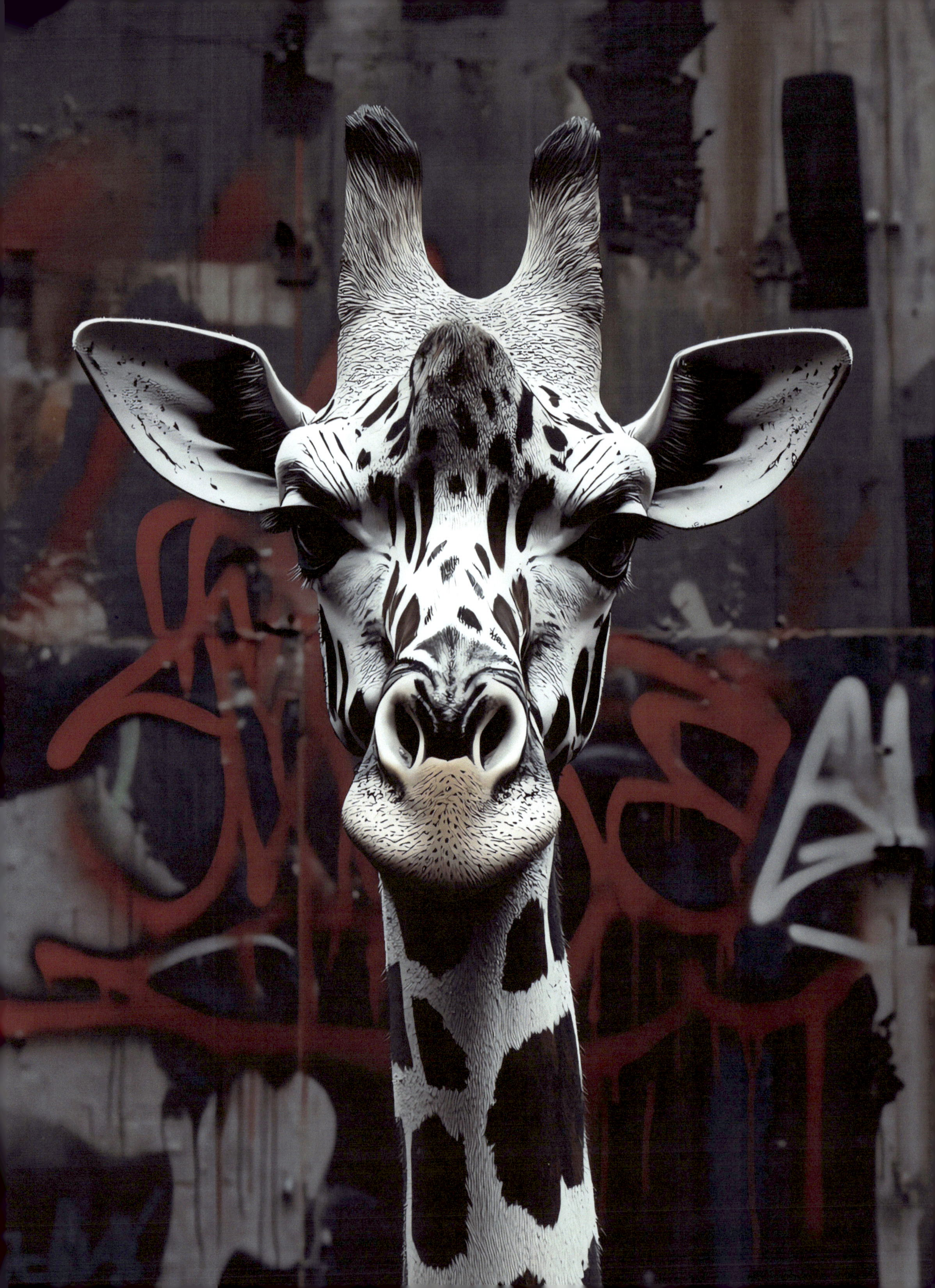

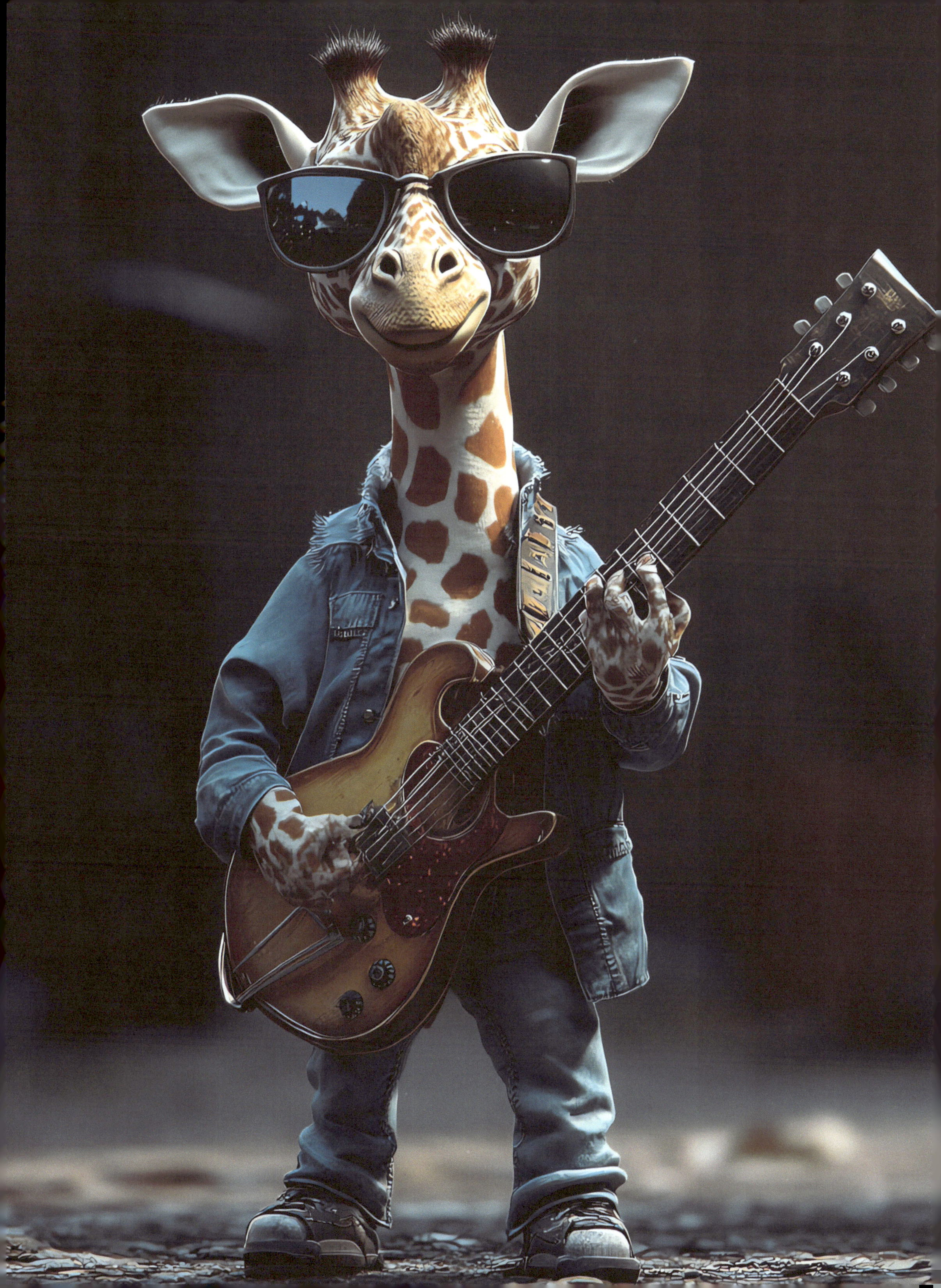

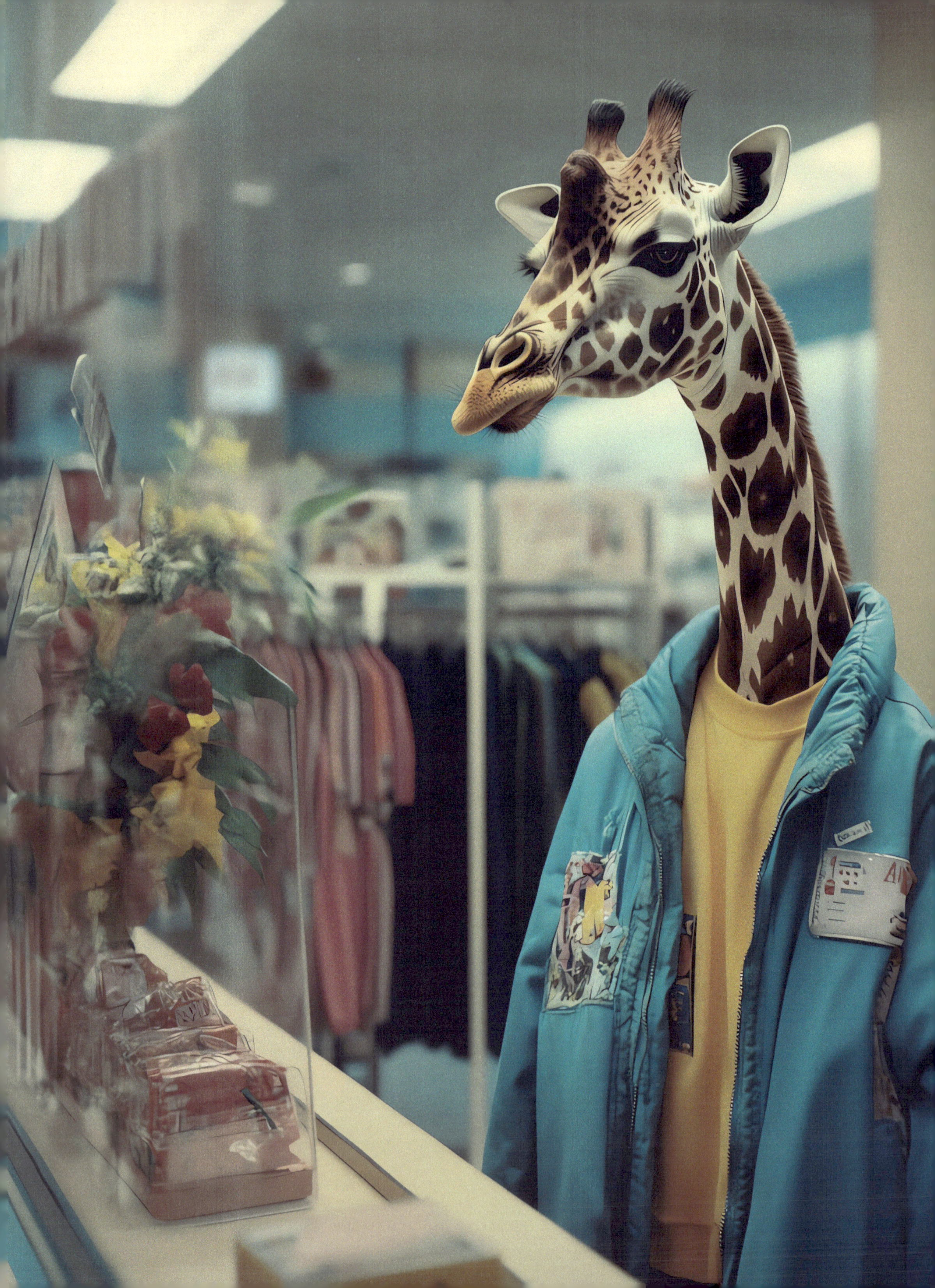

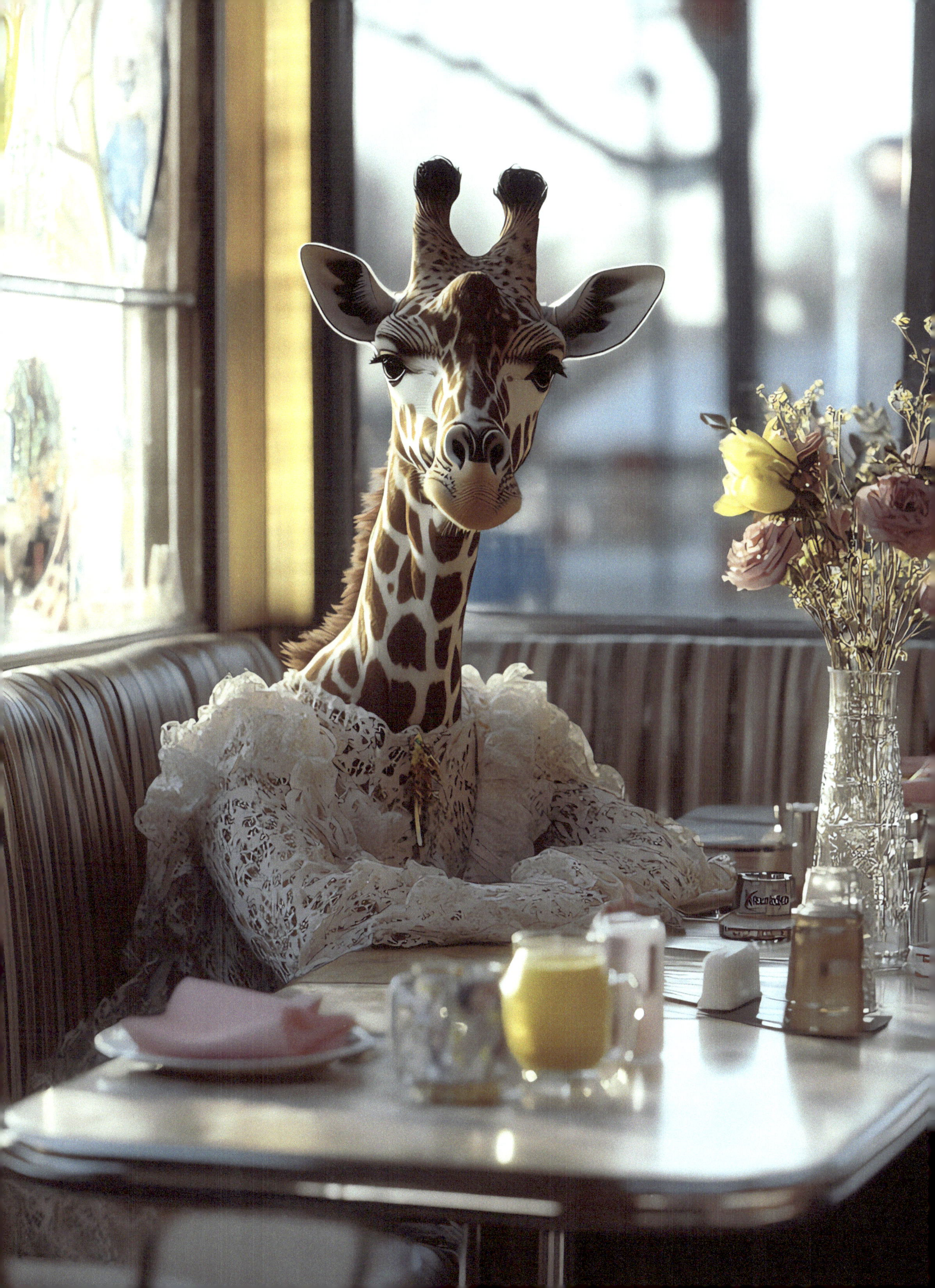

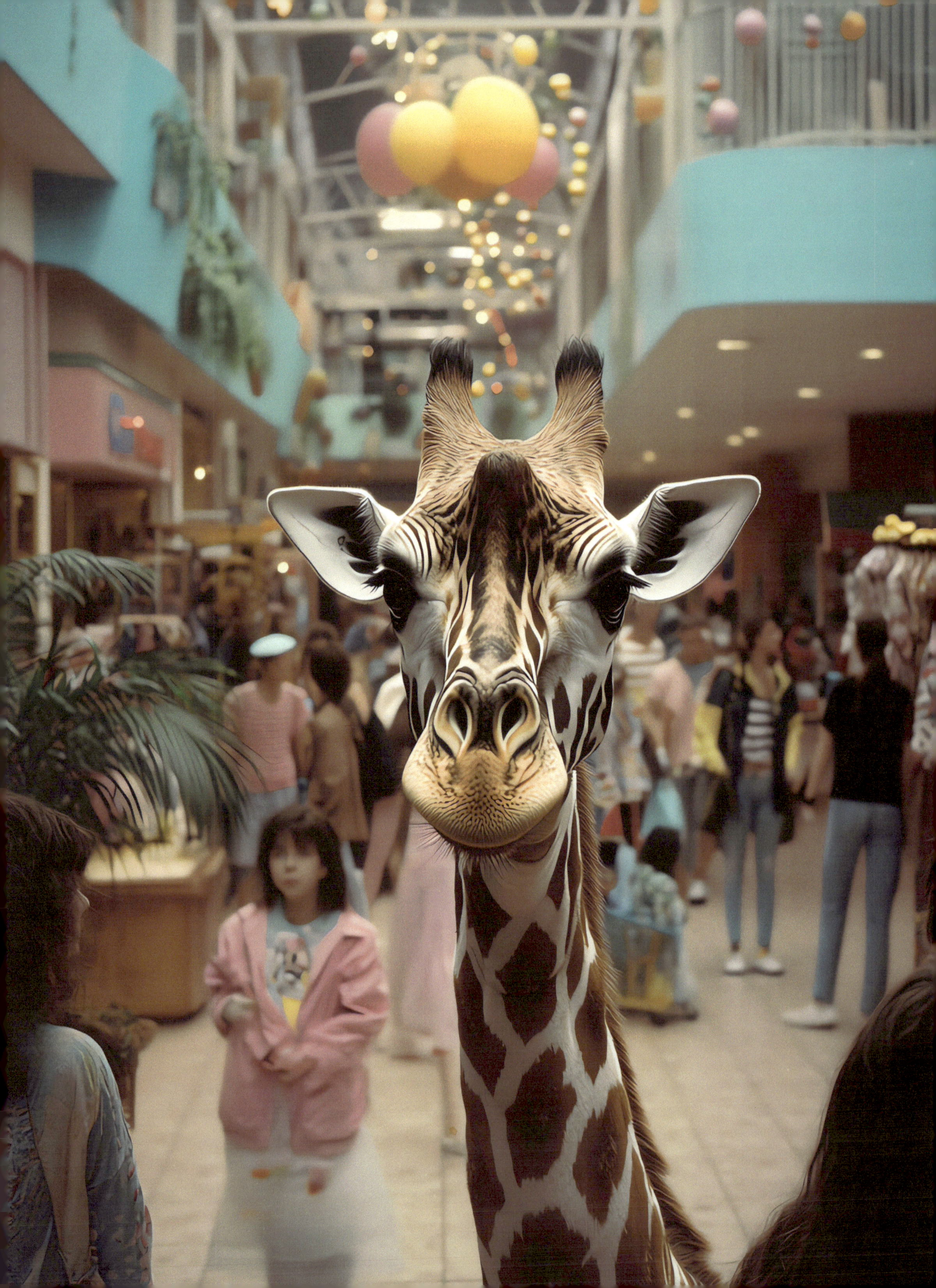

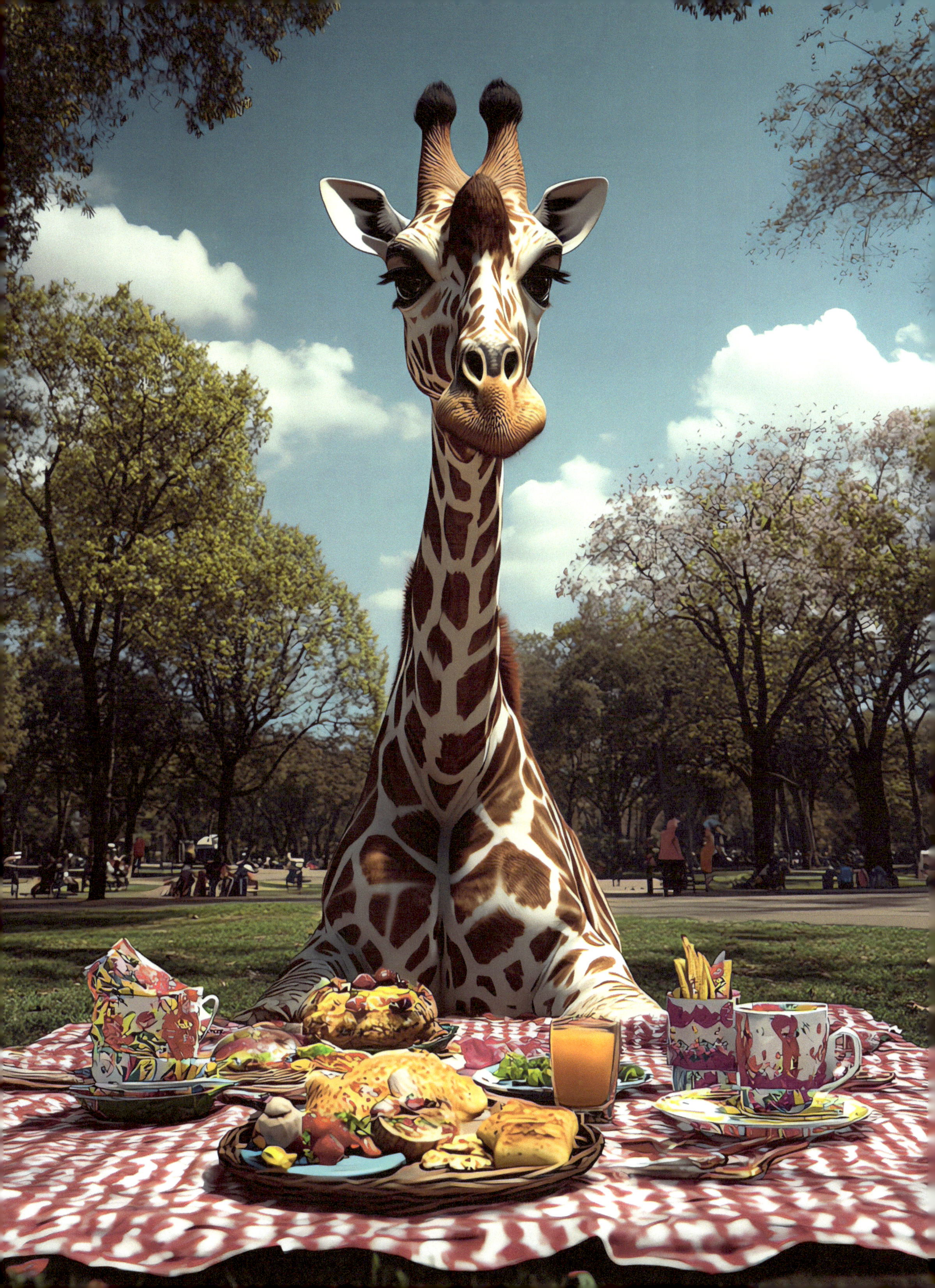

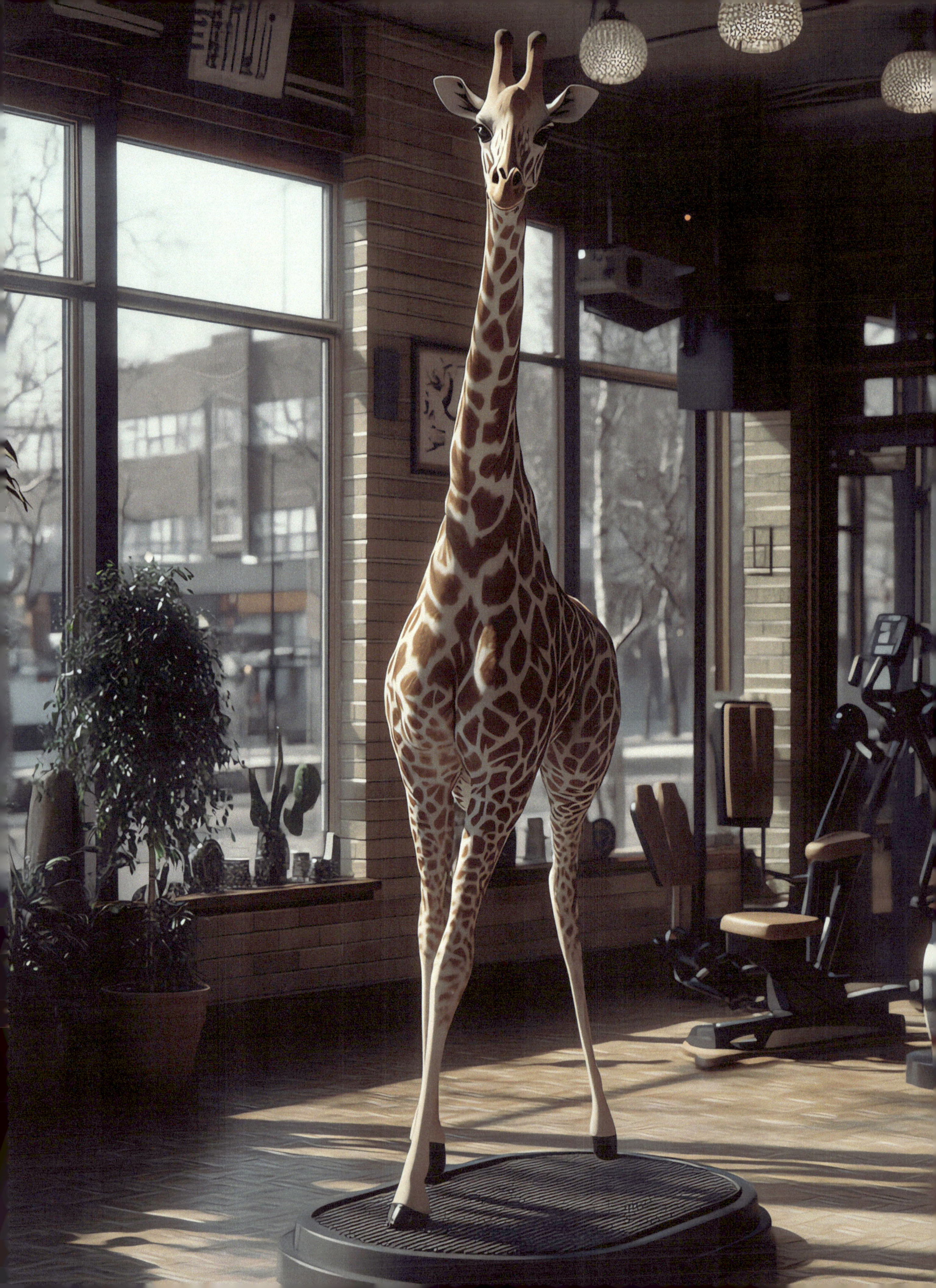

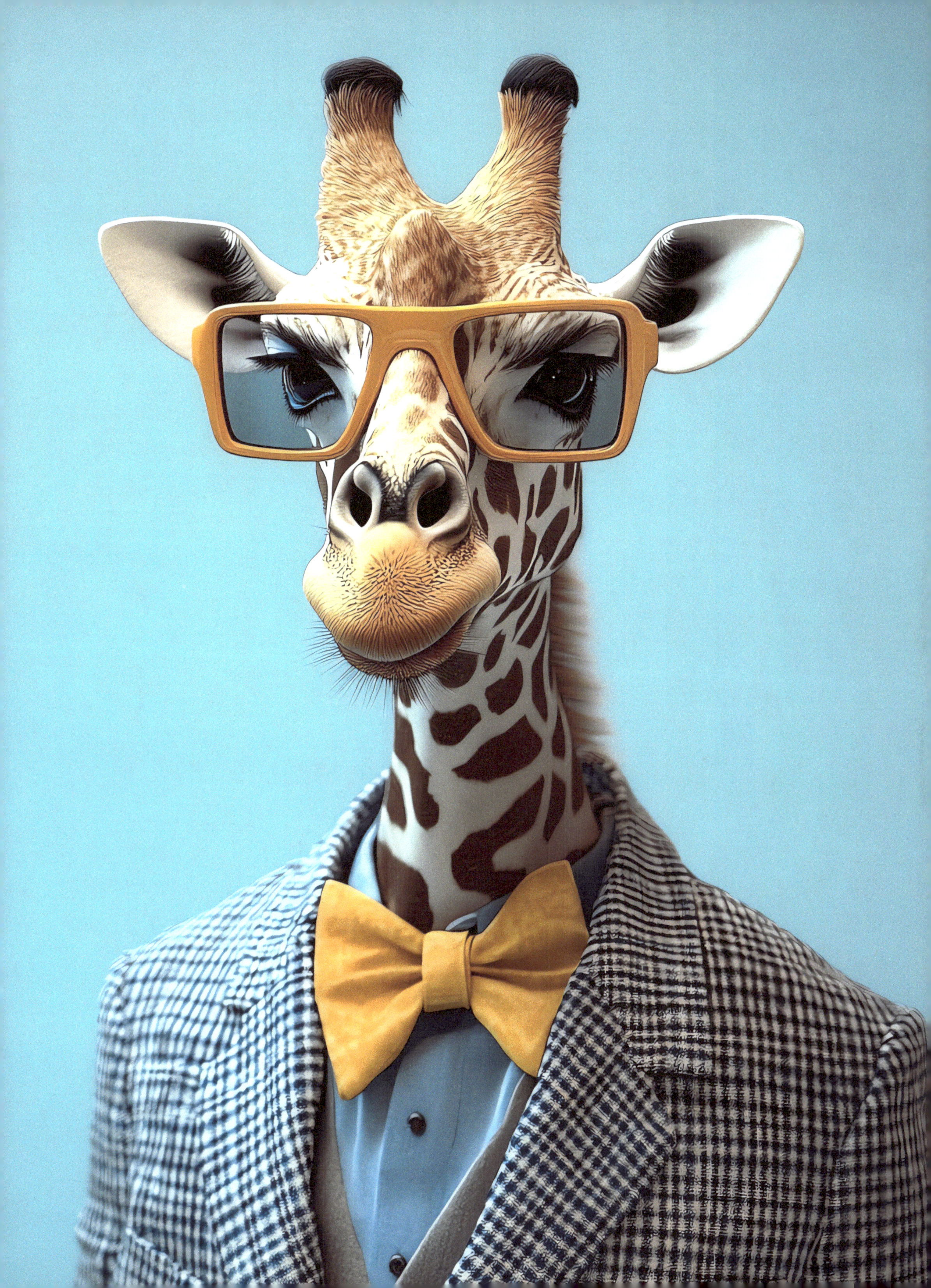

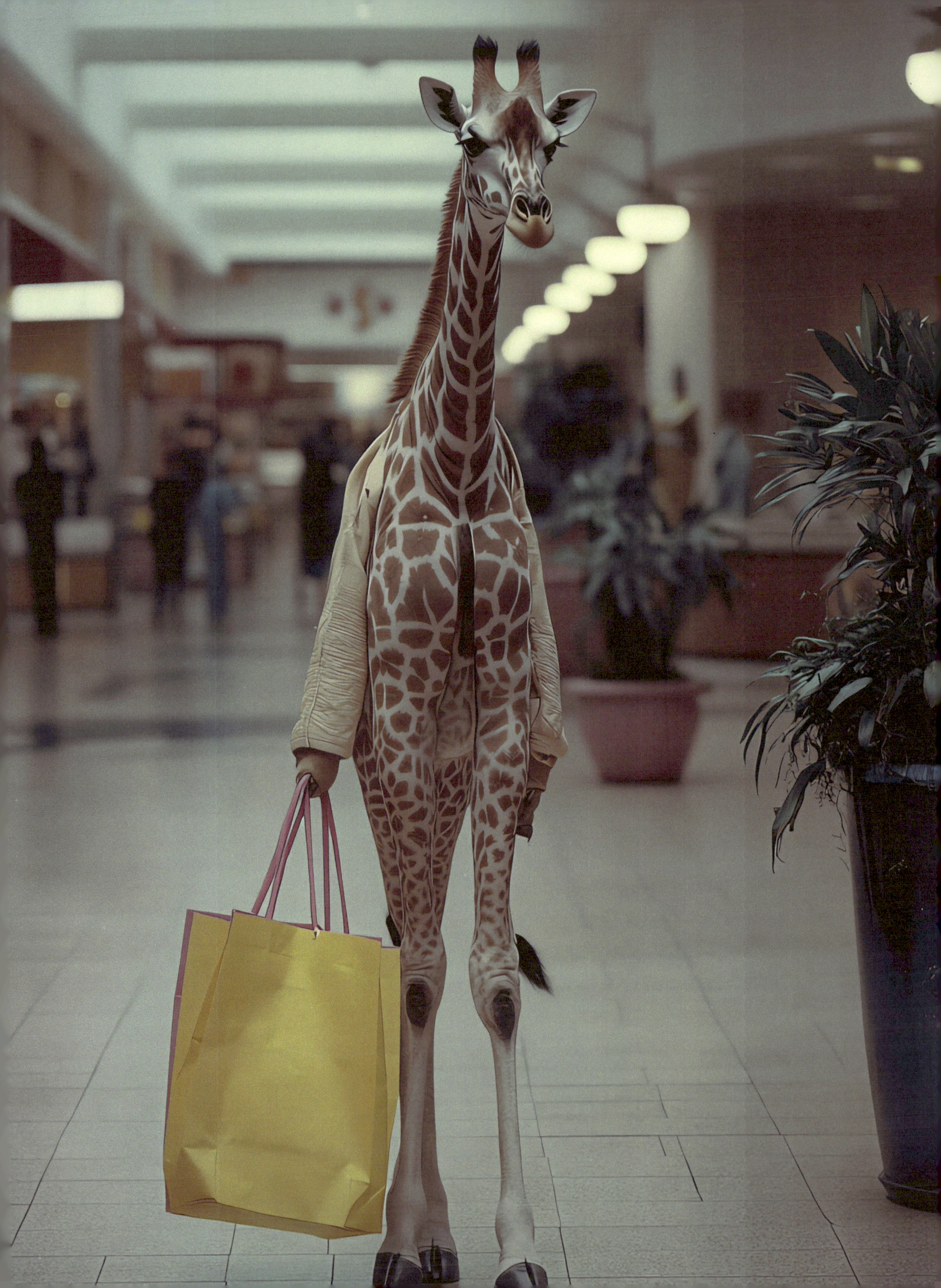

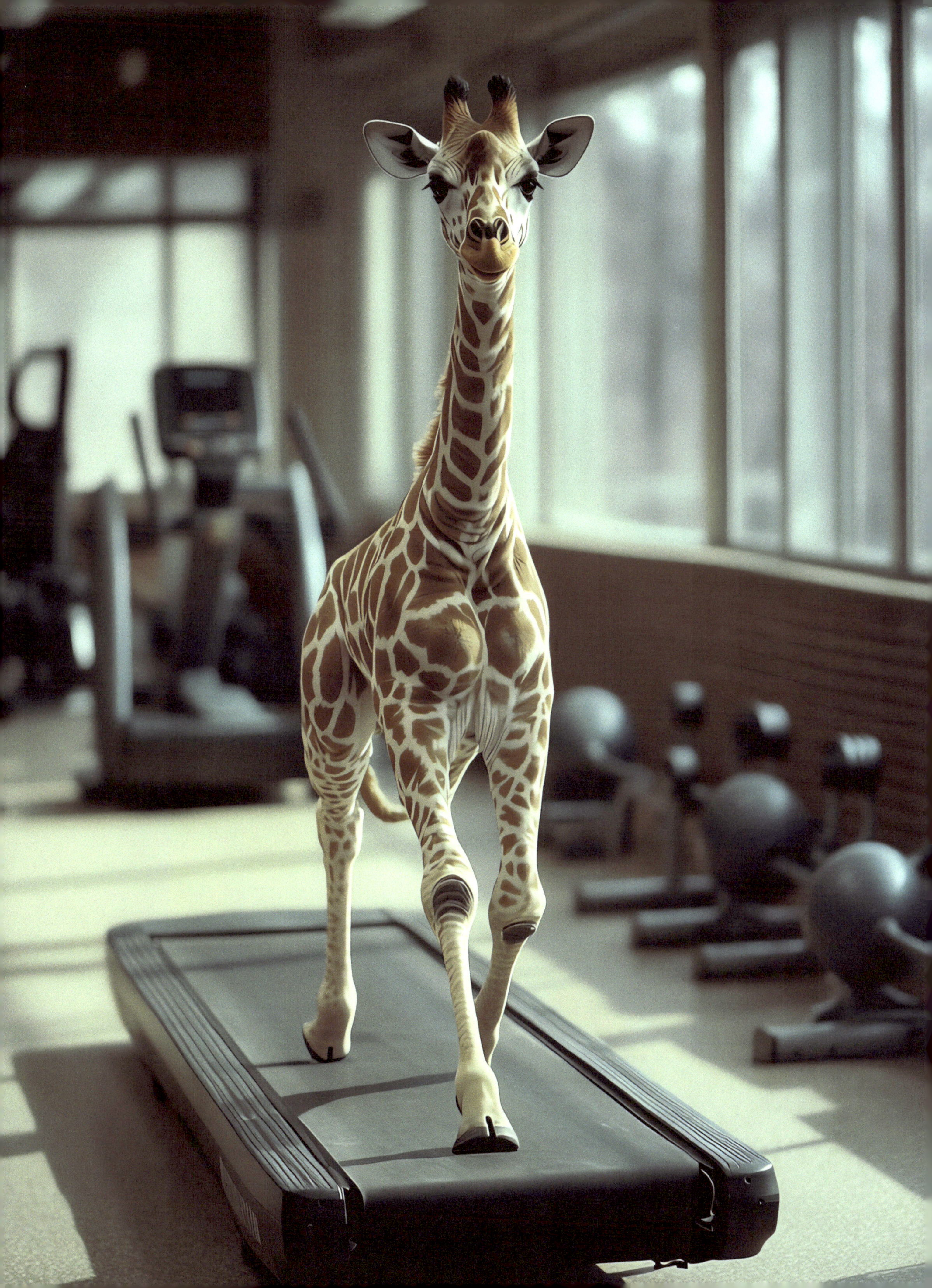

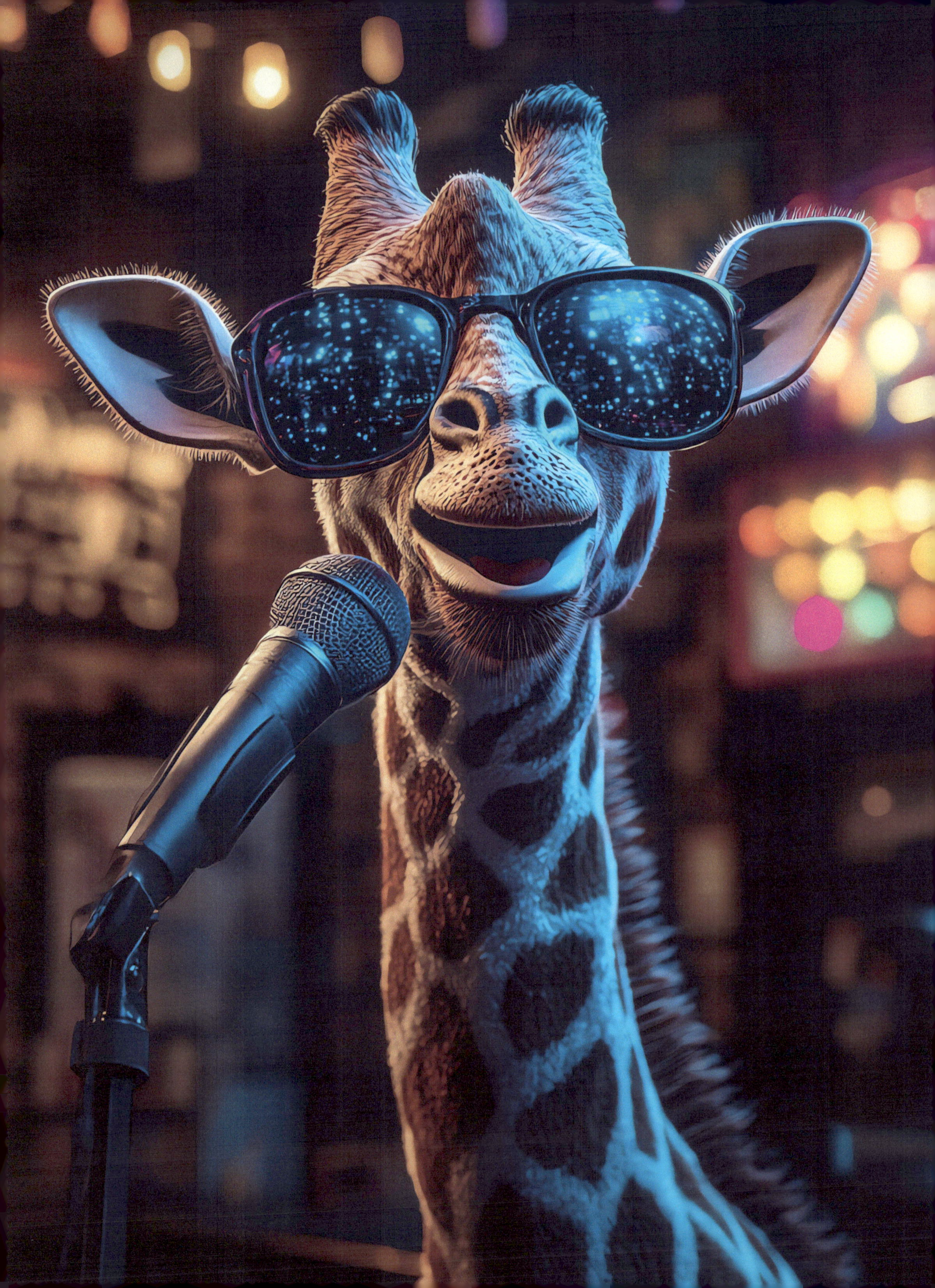

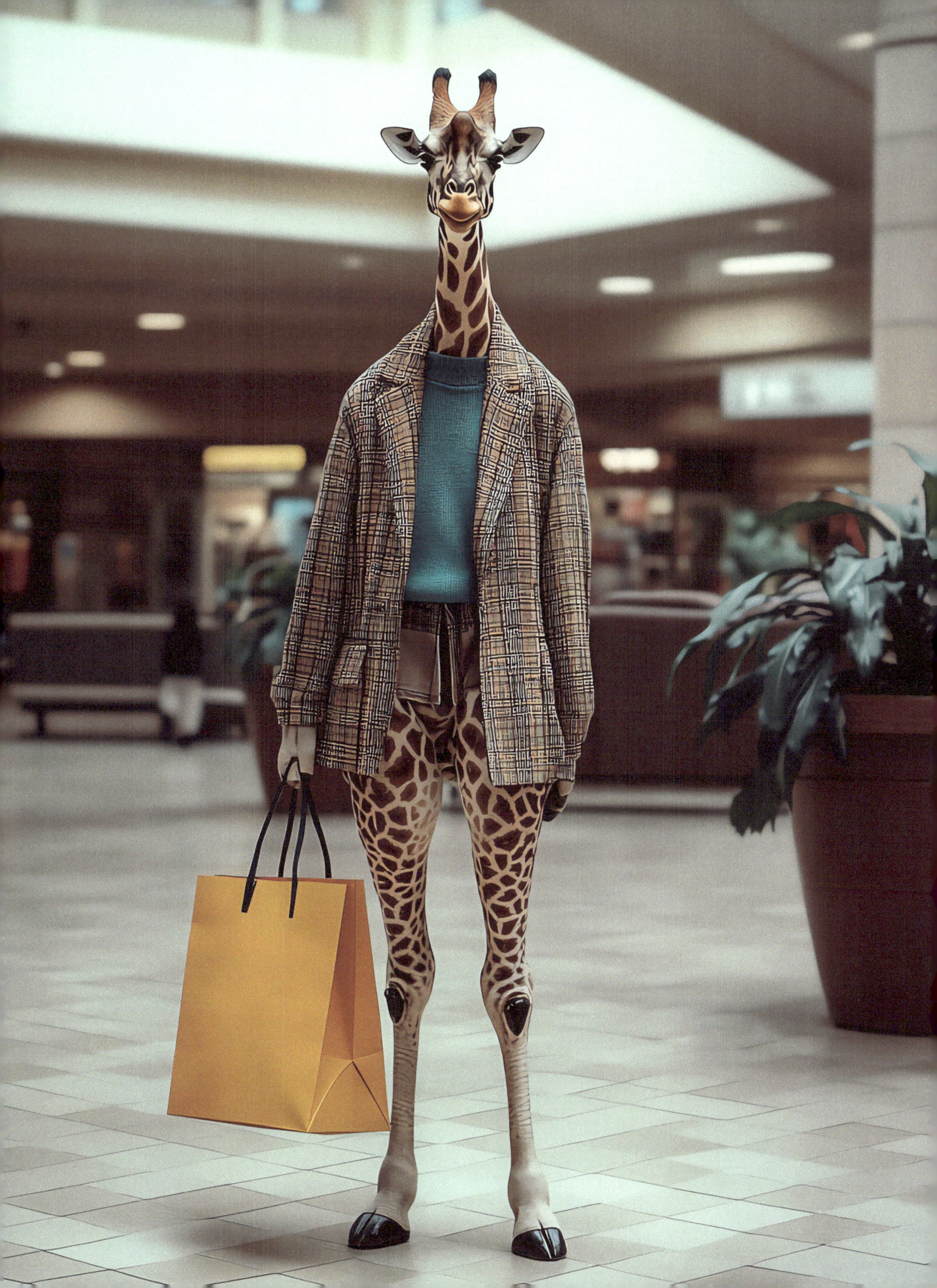

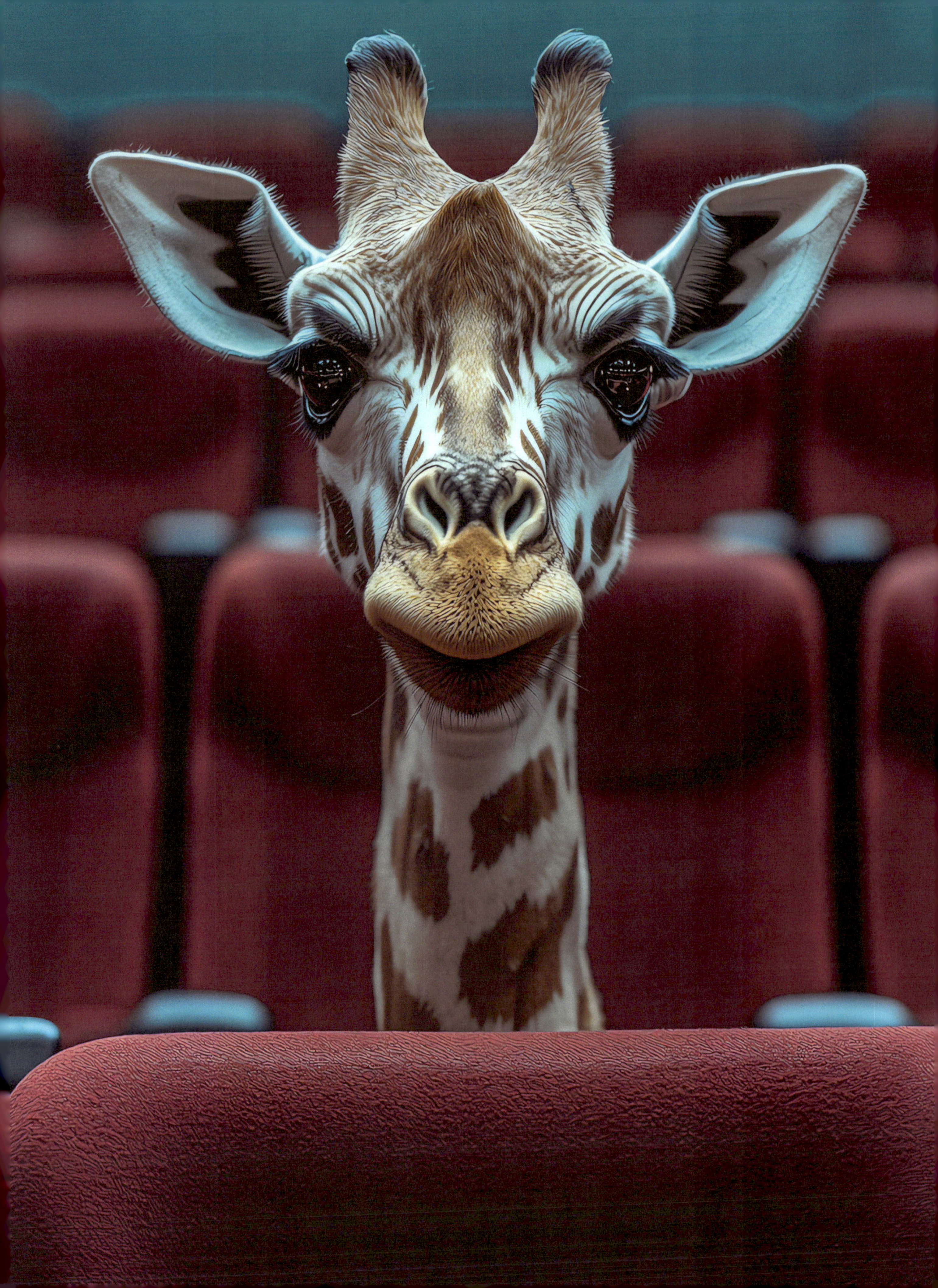

www.ingramcontent.com/pod-product-compliance
Lightning Source LLC
Chambersburg PA
CBHW040419220526
45473CB00004B/1290
* 9 7 9 8 3 0 3 8 4 8 8 0 1 *